太极鞭杆实战运用

孙国玺 著

人民体育出版社

图书在版编目（CIP）数据

太极鞭杆实战运用 / 孙国玺著. -- 北京：人民体育出版社, 2018（2024.4重印）
ISBN 978-7-5009-5405-7

Ⅰ. ①太… Ⅱ. ①孙… Ⅲ. ①短器械术(武术)—中国
Ⅳ. ①G852.28

中国版本图书馆CIP数据核字(2018)第164575号

*

人民体育出版社出版发行
北京盛通印刷股份有限公司印刷
新华书店经销

*

880×1230 32开本 7.5印张 194千字
2019年4月第1版 2024年4月第2次印刷
印数：3,001—3,500册

*

ISBN 978-7-5009-5405-7
定价：38.00元

社址：北京市东城区体育馆路8号（天坛公园东门）
电话：67151482（发行部） 邮编：100061
传真：67151483 邮购：67118491
网址：www.psphpress.com
（购买本社图书，如遇有缺损页可与邮购部联系）

作者简介

孙国玺，太极缠丝腿实战先驱者；陈式太极拳第十二代传人；洪派太极拳第二代掌门李恩久先生入门弟子；马氏通备拳宗师马贤达先生的入门弟子。国际一级武术裁判；中国武术协会会员；中国武术七段；中国武术网和《世界武术》网络杂志荣誉副总编；庄河市太极缠丝腿非物质文化遗产继承人，武术界号称“辽南虎”。

孙国玺在全国和国际武术大赛中多次荣获太极拳、翻子拳、三类拳、长器械、双器械、软器械、刀术、剑术的冠军和金奖。在2010年和2012年青岛全国杨式太极拳邀请赛中，被大会特邀在开幕式上做名家表演。他文武兼修，在《精武》《武当》《中华武术》等杂志上发表文章及论文数十篇；2009年，被《精武》杂志评为“最受读者欢迎的作者”；创编了40集《逍遥奇侠传》电视剧本。2005年9月，北京电视艺术中心出版了孙国玺的《逍遥铲》《逍遥武技道》等教学光盘。根据几十年的练功经验，进一步把太极拳的劲路运用到实战散打当中，2011年7月由人民体育出版社出版发行了《太极破腿百法》一书，开辟了太极拳破解腿法多元化实战的先河；2012年1月出版了《太极散打》《太极反擒拿法》等专著。另外，他将太极拳的缠丝劲运用到腿法之中，独创了太极拳缠丝腿，著有《太极缠丝腿》一书。近些年来，将太极拳的理法、内功修炼、养生等融会贯通，进而创作出太极拳的又一力作《太极拳道法禅宗》。同时，开创性地编写出

《陈式太极一路实战大观》《二路炮捶实战述真》《太极鞭杆实战运用》《太极推手阴阳变化玄机》等著作。孙国玺的太极拳系列著作受到广大太极拳和武术爱好者的喜爱，其著作多次再版印刷。他把陈式太极拳历代较有争议的几个式名如六封四闭、兽头式、井拦直入、顺拦肘、抱头推山等，在《太极散打》一书中重新作出了合理的诠释。同时，发明了太极拳多种功法训练模拟器材，获得了多项实用新型专利和国家发明专利，为太极拳的发展作出了不可磨灭的贡献，使太极拳的技术和理论更加发扬光大。

孙国玺的事迹多次见诸于《辽宁日报》《大连日报》《半岛晨报》《大连晚报》《庄河日报》《庄河通讯》《庄河报》《人物风采》《庄河之窗》。大连电视台《城市发现》栏目、庄河电视台《红崖方圆》《今晚有约》《谁是小博士》《时讯30分》和新闻多次作过专题报道；辽宁电视台曾在比赛现场进行采访。弟子在省传统武术比赛和省武术锦标赛、全国武术比赛、全国冠军赛、国际武术大赛上，获得金银奖牌数百枚。2005年，被《祥和中国》收编；2010年，被编入《当代武林英杰大典》；2011年，作为当代杰出的太极拳代表人物，被载入《中国太极拳大百科》；2012年9月，载入《大连武术百年历史回顾》；2013年在“首届养马岛杯国际武术争霸赛”中，荣获“中华武林名师”称号。2015年，太极缠丝腿被庄河市列为非物质文化遗产重点项目名录。他还创建了“太极缠丝腿国际推广中心”和“孙国玺武术搏击训练馆”，以自己独到的见解，向各地推广、传播着优秀的传统武术文化。

前　言

太极鞭杆，是武林中一枝绚丽的奇葩，技法经过了历代习练者的逐步发展、完善。此套太极鞭杆系融合了马氏鞭杆、太师鞭，以及刀、剑、杖等各种短兵的精华，以太极缠丝劲为核心的独具特色的优秀套路。每一个动作看似简单，但其内涵本质处处走螺旋，招招式式含阴阳。它具有实用性强、招法变幻莫测、出手凶猛等攻防特点，以虚实结合的实战原则为准绳，不仅能放长击远，也能贴身短打、近身制敌，是很多武林中人梦寐以求的武功绝学。同时，由于鞭杆具有便于携带和选材方便等优点，更是深得武林同道和广大武术爱好者的喜爱。

近些年中，我本着继承和发扬的思想理念，将大连鞠传德先生传授的太师十三鞭实战精华，结合了马氏鞭杆的精粹打法，融入到太极鞭杆之中，使恩师传授的洪派太极鞭杆实战用法更加丰富多彩、变化莫测。

随着武术的挖掘和推广工作的全面展开，太极鞭杆也迎来了明媚的春天！为了不使传统的优秀文化遗产失传，不丢传统武术实战本色的宗旨，经过多年的教学实践和检验，我将“太极鞭杆”编著成书，并刻录成DVD教学光盘，从套路的演练和功法的训练，到招法的拆解和应用，都作了详尽的说明和示范。

《太极鞭杆实战运用》一书在编写的过程中，得到过来自全国各地的多位武林同道的热切鼓励和支持；同时，得到了洪派太极拳掌门李恩久恩师和太极拳同门师兄弟以及马氏通备拳的很多师兄弟的大力支持和鼓励；特别是多次得到了80多岁高龄的鞠传德师伯的热切指导，从技术的角度上提出了很多有倡导性的建议。在此表示衷心的感谢！

此书的图片拍摄，得到学生石竟一和王春庆的大力配合与支持，在此表示非常感谢！

另外，还要感谢夫人李友多年来无怨无悔、无微不至的照顾和在武术事业上的默默支持。

在这里更要非常感谢的是，大连九成测绘企业集团董事长杜明成先生对我多年来在武术事业上的发展一如既往的大力支持和帮助，在此表示深深的谢意和致敬！

自　序

我自20世纪80年代初期，拜在洪派太极拳第二代掌门人李恩久先生门下，系统掌握了多种内外家武术精华，以及长、短、单、双、软、硬等各种武术器械，数十年苦练不辍，处处以恩师为楷模。在全国、国际性的传统武术大赛、锦标赛和国际武术争霸赛中，荣获金牌数十枚！曾在辽宁省传统武术比赛和全国杨式太极拳邀请赛中担任裁判，以及在地区“综合格斗搏击大赛”中，担任总裁判长的工作。在《中华武术》《武当》《精武》等国内著名的武术杂志上发表有关武术的论文数十篇；在人民体育出版社出版了多部有关太极拳的著作，其中大部分著作多次再版印刷，有的著作还在台湾印刷发行；2012年，又发明了太极拳实战模拟器材，并申报了两项国家发明专利。

2000年前后，经李恩久恩师推荐，跟大连鞠传德师伯学习少林螳螂、七星螳螂、断门枪、青萍剑、太师鞭等。

21世纪初，在马氏通备拳师兄张大海的引荐下，又拜马贤达先生为师，研习马氏通备拳及器械。

此套太极鞭杆就是在洪派太极鞭杆的基础上，融合了西北马氏通备鞭杆以及太师鞭的技击精华。

此套鞭杆在推广中，得到了师伯鞠传德先生的反复验证，后经过多年的教学实践，深受习练者的广泛喜爱和好评。

太极鞭杆的最大特点是：套路短小精悍，凶猛浑厚，刚中带柔，阴阳相生。既有太极拳的缠丝螺旋以巧制胜的柔劲；也有太师鞭的质朴浑厚、死把螺旋、硬打猛闯的刚猛劲，本着不招不架、就是一下的攻防原理，具有防中有攻、一化即打的闪电速度和爆发力；更有马氏鞭杆的泼辣迅猛、两头并用、把法多样、换手掉棒、大开大合、吞吐伸缩、灵活多变、手不离鞭、鞭不离身、鞭中含枪、鞭中藏刀，犹如蛟龙出海、游蛇缠身的柔贴技巧。打法上借力打力，技法主要是分筋错骨、擒拿点穴，专攻关节、要害，走鞭换手干净利落，动作有阴有阳，身法伸屈吞吐，闪展腾挪，劲力刚柔相济。交手时，粘连黏随，不给对方以喘息变招换式的机会。不管距离远近，都符合攻防兼备、攻中有防、防中有攻的太极阴阳五行变化的玄机和哲理。在实战中，避实击虚，粘走相生，乘人之势，借人之力，运势伸展自如，劲力刚柔相济，动作声东击西，步法进退自然，随机而动。它是历代多位拳家们的实战精华结晶，是中华民族的宝贵文化遗产！

随着太极拳健身运动的兴起，太极器械也随之深受广大太极拳爱好者的喜爱，很多的习练者不仅仅满足于太极剑的练习，太极刀、太极大枪等也受到了众多太极拳爱好者的喜爱，而太极鞭杆更是深受欢迎！

为了能将此套鞭杆更广泛地传承、推广下去，我经过缜密的推敲，去粗取精，将此优秀的鞭杆编著成书，以求达到抛砖引玉之效，将祖国优秀的武术文化发扬光大！

目　录

第一章　太极鞭杆的渊源和发展 ……………………（1）

第二章　太极鞭杆的技击特点 ……………………（3）

第一节　鞭杆的部位名称……………………（3）

第二节　鞭杆的技击特点……………………（4）

第三章　太极鞭杆的基本功力训练 ……………………（6）

第一节　鞭杆的劲力速度训练……………………（6）

第二节　双人粘杆练法……………………（10）

第四章　太极鞭杆的实战运用图解 ……………………（19）

预备势 ……………………（19）

第一式　花子棍 ……………………（19）

第二式　和尚敲钟 ……………………（21）

第三式　劈山救母 ……………………（23）

第四式　拨草寻蛇 ……………………（26）

第五式　凤凰夺窝 ……………………（28）

第六式　叶底藏花 ……………………（33）

第七式　横扫千军 ……………………（39）

第八式　黄龙入洞 …………………………（44）
第九式　怀中抱月（左）……………………（49）
第十式　樵夫砍柴 …………………………（52）
第十一式　怀中抱月（右）…………………（55）
第十二式　樵夫砍柴 ………………………（57）
第十三式　乌龙摆尾 ………………………（63）
第十四式　力劈华山 ………………………（69）
第十五式　单风贯耳 ………………………（73）
第十六式　舞花鞭 …………………………（78）
第十七式　十字劈 …………………………（85）
第十八式　流星赶月 ………………………（91）
第十九式　霸王举鼎 ………………………（97）
第二十式　燕子穿林 ………………………（99）
第二十一式　风扫梅花 ……………………（107）
第二十二式　倒打金冠 ……………………（111）
第二十三式　猴子窜杆 ……………………（116）
第二十四式　天边挂月 ……………………（122）
第二十五式　哪吒闹海 ……………………（128）
第二十六式　顺水推舟 ……………………（134）
第二十七式　金轮倒转 ……………………（140）
第二十八式　麻姑献寿 ……………………（150）
第二十九式　关公挑袍 ……………………（154）
第三十式　黄龙搅海 ………………………（159）
第三十一式　回马转锋 ……………………（167）
第三十二式　金鸡独立 ……………………（170）

第三十三式　大鹏展翅 ……………………（175）
第三十四式　左云拨式 ……………………（180）
第三十五式　右云拨式 ……………………（187）
第三十六式　雪花盖顶 ……………………（195）
第三十七式　猛虎挡道 ……………………（200）
第三十八式　乾坤轮回 ……………………（205）
第三十九式　金鸡点头 ……………………（211）
第四十式　苏秦背剑 ……………………（216）
第四十一式　九天揽月 ……………………（222）
收势 ……………………………………（227）

第一章 太极鞭杆的渊源和发展

鞭杆，历史悠久，源远流长，最早盛行于我国西北甘肃、山西、陕西一带，是劳动人民智慧的结晶。在武术界，早就流行有“东枪西棍”之说。

据不确切的史料记载，早在西周时期，就流传有闻太师的“太师十三鞭”。随着社会的发展，钢鞭逐渐发展为短棒，原因是取材容易，携带方便。至北宋时期，流传有宋太祖赵匡胤创编的太祖短棍，少林寺紧那罗王所传火棍，丐帮的打狗棍，甘肃、山西的西北鞭杆以及山东半岛的牛郎棍等。

另据史料记载，鞭杆源于山西北部的代县、繁峙、五台一带，历史悠久，早在距今一千年前的北宋时期就有传习。至清末时期，以闻名于世的“教伦和尚”为代表人物。由“教伦和尚”的再传弟子、著名武术家张士英先生传入晋中一带。当时，著名的武术家李桂昌先生与张士英两人有莫逆之交，相互仰慕对方的武功。他们经常在一起研习武学，所以在武术技击方面各有独到之处，最后张士英以互换技艺的方式将鞭杆传给了李桂昌。之后，在李桂昌弟子宋春旺的刻苦钻研下，练出了古传鞭杆独特的风格，把鞭杆的技法、功法融为一体，其特点为手不离鞭、鞭不离身、鞭中含枪、鞭中藏刀，犹如蛟龙缠身、游蛇绕体般灵巧柔贴。打法上借力发力，借力打人，以分筋错骨、擒拿点穴为主要技法。山西鞭杆从此在普及中得到创新和发展。

值得一提的是，西北马氏通备鞭杆，在西北鞭杆中独树一帜。通备鞭杆吸收了西北鞭杆的部分内容，提取了它用劲巧妙、短小精悍、泼辣迅猛的优点，革除了传统鞭杆在步法上、结构上华而不实的不足，变成了单头、双头，单手、双手变化使用，又糅合了太刀、双手带、双手剑、十八拦刀、劈挂刀等刀法及劲力，形成了通备型的鞭杆系列。通备鞭杆经前辈们整顿划一，组成了“五阴”“七手”“十三法”等基础练习方法和基本招式。在套路上以掉手、黄龙、缠海三个套路较为著名。

太极鞭杆在传统鞭杆的基础上，经过近代太极名家根据太极拳缠丝劲路的改进，将棍法融进缠丝和螺旋的巧化进取，汲取了太极阴阳的衍生变化，将鞭杆发展为以内功修炼为主的武术套路。它汇集了各家之长，粘走相生，远打近摔，配合身法和五行步法的变化，使鞭杆、手法、腿法相辅相成，节节贯穿，在实际的运用中更加丰富多彩，别具一格，为广大武术爱好者所喜爱。

第二章
太极鞭杆的技击特点

第一节　鞭杆的部位名称

一、鞭杆的标准长度

标准为三尺五寸，但因人而宜。大致的长度为1.2～1.3米，粗细直径一般在3～4厘米即可。标准量法以自身高度选定尺度为宜。

量法一：将鞭杆的一头拄地，另一头至于自身的心窝（胸骨剑突处）为适度。

量法二：左臂握杆屈肘，杆头与肘尖等长，另一头伸右臂，与中指尖等长，这样以自身量出为适宜。

量法三：用自己握拳的宽度从棍一头至另一头，以十三把为度，又称之为“十三把棒”。

此外，在民间还保留着一种不广为人知的量法，即九把露一肘。

二、鞭杆的把位名称

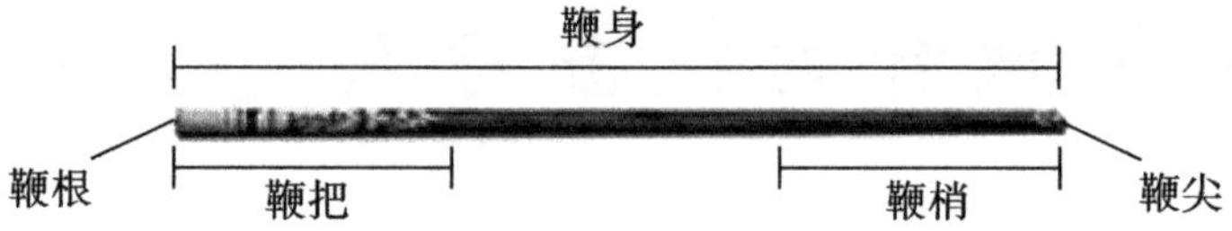

第二节　鞭杆的技击特点

一、太极鞭杆击法歌诀

撩戳挑剁点击砸，
搬裹劈豁勾崩挂；
扫拦格扣掠截架，
拨挎窝飞推绞压。
身鞭合一藏刀枪，
阴阳五行夹舞花；
虚实攻守玄机妙，
道法自然随机化。

二、太极鞭杆的技击特点

演练中要求手不离鞭、鞭不离身、鞭中含枪、鞭中藏刀，犹如蛟龙出海、游蛇缠身一样柔贴技巧。打法上借力打力，以分筋错骨、擒拿点穴，专攻关节、要害为主要技法。走鞭换手干净利落，动作有阴有阳，身法伸屈吞吐、闪展腾挪，劲力刚柔相济。交手时，粘连黏随，不给对方以喘息变招换式的机会，不管距离远近，远打近攻，符合攻防兼备、攻中有防、防中有攻的太极阴阳哲理。

它融汇了太师十三鞭的死把螺旋、硬打猛闯，本着不招不架、就是一下的攻防原理，具有防中有攻、一化即打的闪电速度和爆发力。汲取了马氏通备鞭杆的泼辣迅猛、两头并用、把法多样、换手掉棒、大开大合、吞吐伸缩、灵活多变的特点。同时含有太极阴阳五行变化的玄机。在实战中，避实击虚，粘走相生，乘人之势，借人之力，运势伸展自如，劲力刚柔相济，动作声东击西，步法进退自然，随机而动。它是历代多位拳家们的实战精华结晶，是中华民族的宝贵文化遗产！

第三章
太极鞭杆的基本功力训练

第一节　鞭杆的劲力速度训练

鞭杆的主要打法为“米字八道”。在进攻的技法上，主要是练习劈、点、扫、戳、撩等劲道。要求在实战中身鞭合一，劲力贯穿，一击必杀。基于古代防身的需要，要想真正练好太极霸王鞭杆，就必须从以下五种基本鞭法的劲力训练上狠下工夫。

一、劈鞭

劈鞭，一般分为：左劈鞭和右劈鞭两种。

1. 劈鞭练法

（1）左劈鞭：左手在前，右手在后，双手成阴阳把持鞭，从左侧向右侧劈击。（图3–1）

图3–1

（2）右劈鞭：右手在前，左手在后，双手成阴阳把持鞭，从右侧向左侧劈击。与上图动作相反，图略。

2. 功力训练

功法一：可以在夏季，站在齐腰深的水中，抡鞭劈击水面，以此练习劈击的力道。

功法二：可以用尼龙绳的网兜网住一个小皮球，吊起与头齐高，抡鞭劈击，不管皮球如何飞荡，都要快速、准确、有力地击中，以此练习劈击的准确性和速度。

二、点鞭

1. 点鞭练法

右手紧握鞭把，右臂不动，右腕下屈，鞭尖下点。（图3–2）

图3–2

2. 功力训练

功法一：同上法。在齐头部高处悬吊一小皮球，以鞭尖快速点击，不管皮球如何飞荡，都要快速、准确、有力地击中，以此练习眼力和腕力的点击力量和速度。如果日久天长，功力大进，随功夫的提高，可以高低不同递增吊球的数量。

功法二：在鞭梢的尽头处，用绳子悬挂圆球，球内初练时装一斤重的沙子，右手握住鞭把，每天早晚练习腕部挑劲，每三月添加一斤。如此训练数年后，腕部力量惊人；同时，气力可以通达到手之梢节。

三、扫鞭

扫鞭，一般分为左扫鞭和右扫鞭两种。

1. 扫鞭练法

（1）右扫鞭：双手成阴阳把持鞭，从右侧向左侧横扫。（图3–3）

（2）左扫鞭：双手成阴阳把持鞭，从左侧向右侧横扫。动作与右扫鞭相反，图略。

图3–3

2. 功力练法

在一合抱粗的树干上，围上手指粗细的绳子数圈成上下30厘米宽度（即头部长度），人站在侧旁，抡鞭左右横扫，以练习扫鞭的劲道。另外，练习扫鞭时，每次横扫要看准绳子的道数。如果上下围绕了二十道，要依次从一道打到二十道，再从二十道打到一道，如此练习扫鞭的准确性。

四、戳鞭

戳鞭，以鞭根或鞭梢戳击对方的方法，叫戳鞭。它的把位有双阴把和阴阳把，攻击的部位一般都是小腹、两肋、心口、咽喉等重要部位。此法攻击力极大，杀伤力极强。

1. 戳鞭练法

图3-4

（1）鞭把戳法：双手成双阴把持鞭，以右弓步向右侧戳击。（图3-4）

（2）鞭尖戳法：双手成双阴把持鞭，以左弓步向左侧戳击。与鞭把戳法相反。图略。

2. 功力练法

在合抱粗的树干或墙面上，用粉笔画鸡蛋大小的一个圆圈，以鞭把或鞭梢用力戳击，以加强力度和准确性的训练。

五、撩鞭

撩鞭，即从下向上撩击的鞭法。它分左、中、右三种撩鞭法，即“米字八道”的下三道打法。

图3-5

1. 撩鞭练法

（1）左撩鞭：双手成阴阳把持鞭，从左下方向右上方撩击。（图3-5）

（2）右撩鞭：双手成阴阳把持鞭，从右下方向左上方撩击。图略。

（3）下撩鞭：双手成阴阳把持鞭，从下方向上竖直撩击。图略。

2. 功力练法

此撩鞭法，可以用悬挂的沙包、沙袋或悬挂一大皮球，作为训练的工具，以此加强力量和速度的训练。

第二节　双人粘杆练法

双人粘杆练法，主要是练习交手时鞭法的粘黏劲。此练法分定步和活步、正旋和反旋几种基本练法。要求粘走相生，不丢不顶，身鞭合一。

一、定步正旋粘法

（1）两人左腿都在前，成自然步站立，以鞭梢相交，甲（着深色衣服者）鞭梢在左侧，乙（着浅色衣服者）鞭梢在右侧。（图3-6）

图3－6

（2）甲鞭梢由左向右正旋绞旋，乙反旋掤劲粘走，如此反复练习。（图3-7）

图3-7

二、定步反旋粘法

（1）两人左腿都在前，成自然步站立，以鞭梢相交，甲鞭梢在右侧，乙鞭梢在左侧。（图3-8）

图3-8

（2）甲鞭梢由右向左反旋，乙正旋掤劲粘走，如此反复练习。（图3-9）

图3-9

三、活步正旋粘法

活步正旋粘杆的练法，在定步的基础上添加了五行步法的变化训练。步法大致包括左旋练法、右旋练法、进步练法、退步练法。

1. 左旋练法

动作一：两人左腿都在前，成自然步站立，以鞭梢相交，甲鞭梢在左侧，乙鞭梢在右侧，甲鞭梢由左向右正旋绞转，乙反旋掤劲粘走，如此粘劲不丢；同时，甲右腿向左前扣步，乙方随之左脚向左前方盖步摆脚。（图3-10）

图3-10

动作二：甲方随之左脚外摆，乙方随之右脚向左前方扣脚，甲向左旋转走反圈，乙也同样走反圈，双方鞭杆在上粘走成圆，腿上步法走圆，如此反复练习。（图3-11）

图3-11

2. 右旋练法

动作一：左旋与右旋步法相反。甲方鞭杆在上走正旋圈，脚下左腿向后插步；乙方鞭法相反，步法相同。（图3-12）

动作二：甲乙鞭杆继续相绞，甲方右腿向左后方退步走正旋圈；乙方鞭法相反，步法相同。如此反复训练。（图3-13）

图3-12

图3-13

3. 进步练法

动作一：甲乙双方鞭杆相交，甲方鞭杆走正旋圈，右腿步法向前盖步；乙方鞭杆反旋，随甲方右腿盖步前进时，随之左腿向后退步。（图3–14）

图3－14

图3－15

动作二：双方绞鞭不变，甲方左腿向前进步，乙方随之继续后退。如此进步反复练习。（图3–15）

4. 退步练法

动作一：甲乙双方鞭杆相交，甲方鞭杆走正旋圈，乙方右腿向前盖步，甲方左腿后撤。（图3–16）

图3－16

动作二：乙方左腿继续向前侧进，甲方右腿继续后撤。如此反复训练。（图3–17）

图3－17

四、活步反旋粘法

活步反旋粘杆的练法也是在定步的基础上，添加了五行步法的变化训练。步法也包括右旋练法、左旋练法、进步练法、退步练法。

图3－18

1. 右旋练法

动作一：甲乙双方鞭杆相交，甲方走反旋，乙方走正旋，甲方右腿向后插步，同时，乙方右腿也随之后插步。（图3–18）

动作二：双方绞鞭不变，甲方左腿向左前方进步，乙方左腿随之也向左前方开步，双方走圆。如此反复练习。（图3-19）

图3-19

图3-20

2. 左旋练法

动作一：甲乙双方鞭杆相绞，甲方走反旋，乙方走正旋，甲方右腿向左前方进步，乙方鞭法相反，步法相同。（图3-20）

动作二：双方鞭法不变，甲方左腿向前摆脚进步，同时，乙方随之左脚也向前外摆进步，如此双方走圆，反复练习。（图3-21）

图3-21

3. 进步练法

动作一：甲乙双方鞭杆相交，甲方鞭杆走反旋圈，右腿步法向前盖步，乙方鞭杆反旋，随甲方右腿盖步前进时，随之左腿向后退步。（图3–22）

动作二：双方绞鞭不变，甲方左腿向前进步，乙方随之继续后退。如此进步反复练习。（图3–23）

图3–22

图3–23

4. 退步练法

动作一：甲乙双方鞭杆相交，甲方鞭杆走反旋圈，乙方右腿向前盖步，甲方左腿随之后撤。（图3–24）

动作二：乙方左腿继续向前侧进，甲方右腿继续后撤。如此反复训练。（图3–25）

图3–24

图3–25

第四章
太极鞭杆的实战运用图解

预备势

图4-1

鞭把朝下，左手抱鞭，鞭梢朝上，右手变掌，紧贴大腿外侧，含胸拔背；双脚并拢，立正站好；目视正前方。（图4-1）

要领说明：要求气沉丹田，凝神守一，含胸拔背，中正安舒。

图4-2

第一式 花子棍

【动作说明】

1. 左手抱鞭抬起，缓缓向右侧胸前运转，掌心朝上；眼随手转。（图4-2）

图4-3

2. 右手向前变仰掌接鞭，同时，内旋鞭尖朝下，拄到右腿外侧地面，左手自然下垂收到左胯旁；目视前方。（图4-3）

要领说明：要求气定神闲，右手握鞭要做到松肩垂肘，自然而然，鞭身要正直。此式的命名来源于拐杖和丐帮的打狗棍法，故称之为“花子棍”。此持鞭式攻防兼备，出手快捷，隐蔽性极强。

用法一　破右拳抱鞭上架法（对徒手）

当对方进右步出右拳攻击我面部时，我左手抱鞭顺势上架，化解对方的来势。（图4-4）

图4-4

用法二　破斜劈抱鞭上架法（破兵器）

当对方用长兵器向我面部刺来时，我左手抱鞭顺势上架，化解对方的来势。（图4–5）

图4–5

第二式　和尚敲钟

【动作说明】

右腿向前进步，腰裆左转；同时，右手反握鞭向左侧抡扫；目视前方。（图4–6）

要领说明：要做到以腰带鞭，鞭随身转。要求身鞭合一，力达鞭梢。

图4–6

用法一　反打太阳穴（对徒手）

当我右手持鞭与人交手时，只要腰裆向左微转，右手鞭就可以横扫对方的太阳穴、颈部或腿部。（图4-7）

图4-7

用法二　破长兵劈刺法（对兵器）

如果与人交手，对方用棍或枪向我咽喉或胸部刺来，我右手反抡鞭杆格挡，使其来力走空，起到防守上盘的作用。（图4-8）

图4-8

第三式　劈山救母

【动作说明】

1. 右手抡鞭至左胸前，左手掌心朝上成阳把接鞭，同时，右手换把成右阴把持鞭；步法不变，目视前方。（图4–9）

图4–9

图4–10

2. 左腿向前进步成左弓步；同时，双手抡鞭向右前下方斜劈；目视鞭梢。（图4–10）

要领说明：抡鞭时，要做到身法、步法、鞭法协调一致，劲力完整合一；整个动作要做到一气呵成，要求身鞭合一，力达鞭梢。

用法一　斜劈颈部法（对徒手）

承接上式打法。当我用“和尚敲钟”反鞭横扫敌头部时，对方如果低头躲过，我左手接鞭，右手换把，顺势腰裆右转，双手抡鞭斜劈对方颈部或后脑。（图4–11）

图4–11

用法二　破长兵器斜劈胳膊法（对兵器）

1. 当对方用枪、棍向我上盘刺来或劈击之时，我可以运用“和尚敲钟”向斜上方格挡，化开敌长兵器的攻击。（图4–12）

图4–12

2. 腰裆右转，左手接鞭，右手换把，双手抡鞭顺势向前劈击对方右臂。（图4–13）

图4－13

用法三　破长兵器斜劈头部法（对兵器）

1. 当对方用兵器向我上盘刺来或劈击之时，我运用“和尚敲钟”向斜上方格挡，化开敌长兵器的攻击。（图4–14）

图4－14

2. 腰裆右转，左手接鞭，右手换把，双手抡鞭顺势向前劈击对方头部。（图4–15）

图4–15

第四式　拨草寻蛇

【动作说明】

1. 腰裆左转；双手持鞭把向左前下方地面30厘米处下点，鞭尖拄地，成30°斜角；目视鞭尖。（图4–16）

图4–16

图4–17

2. 腰裆右转；左手松开，右手持鞭，鞭尖贴地从身前向右侧方划弧，成30°斜角势，同时，左手收于左大腿外侧；双腿成一肩宽开立；目视前方。（图4–17）

要领说明：此法取名就来源于鞭尖左右划地而过。不管是单手还是双手持鞭把，都要紧握，但要做到松肩沉肘，鞭尖点地要放松，要把鞭尖与地面接触作为一个支撑点。

用法一　破左下扫势（对兵器）

当对方运用各种兵器向我左前腿攻击时（不管是长兵器下扫，还是刀、剑砍击），我鞭尖向左前方拄地格挡。（图4–18）

图4–18

用法二　破右下扫势（对兵器）

当对方运用各种兵器向我右前腿攻击时（不管是长兵器下扫，还是刀、剑砍击），我鞭尖贴地划向右前方拄地格挡。（图4–19）

图4–19

第五式　凤凰夺窝

【动作说明】

1. 腰裆右转；右手持鞭把向右后回收，同时，左手向前接鞭；步法不变，目视鞭尖。（图4–20）

图4–20

图4–21

2. 鞭尖向下，从身前向左侧拨鞭；左腿进步成左虚步；同时，右掌心朝下持鞭，以鞭把向左前方点击；目视鞭尖。（图4–21）

要领说明：要以腰带鞭，劲力完整合一；点鞭时，要力达鞭把。

用法一　破左拳挂左腿击打太阳穴法（对徒手）

1. 当对方进左步出左拳攻击我面部时，我成双阴手持鞭，腰裆右转，以鞭梢向右上方拨开来拳。（图4–22）

图4–22

2. 腰裆左转，鞭梢向右下方勾挂对方左腿弯处，将对方左腿挑起，破坏其下盘的平衡。（图4–23）

图4–23

3. 当对方左腿被我挑起，身体重心失去平衡时，左手鞭梢放松，右手推动鞭把向前上方击打对方太阳穴。（图4–24）

图4–24

用法二　破右拳挂右腿点击裆部法（对徒手）

1. 当对方进右步出右拳攻击我面部时，我成双阴手持鞭，腰裆右转，以鞭梢向右上拨开来拳。（图4-25）

图4-25

2. 腰裆左转，鞭梢向左下方勾挂对方右腿弯处，将对方右腿挑起，破坏其下盘的平衡。（图4-26）

图4-26

3. 当对方右腿被我挑起，身体重心失去平衡之时，左手鞭梢微松劲，放开对方右腿，右手推动鞭把直点对方裆部。（图4–27）

图4–27

用法三　防右下刺左拨右点左肋法（对兵器）

1. 当对方持兵器从右前方向我腹部刺来时，我以双阴把持鞭，用鞭梢从上向左下方拨开兵锋。（图4–28）

图4–28

2. 左腿进步走边门，鞭梢掤住对方兵器；同时，以鞭把点击对方左肋。（图4–29）

图4–29

用法四　防左下刺左拨右点心窝法（对兵器）

1. 当对方持兵器从左前方向我刺来时，我以双阴把持鞭，用鞭梢从上向左拨开兵锋。（图4–30）

图4–30

2. 左腿进步踏中门，鞭梢掤住对方兵器；同时，以鞭把点击对方心窝。（图4-31）

图4-31

第六式　叶底藏花

【动作说明】

1. 腰裆微左转，左腿向左侧开步；双手成双阴把，持鞭翻腕上架；目视左前方。（图4-32）

2. 左手鞭梢微下沉，右手鞭把微向左上方领劲。（图4-33）

图4-32

图4-33

3. 右手持鞭裹脑向后、向前撩击；目视鞭梢；同时，右腿向左前进步。（图4–34）

图4－34

4. 身体左转，左腿向后插步；同时，右手持鞭在头上裹脑反旋，随身体右转向右后下方扫击，左手顺势变掌向左侧展开，与右手鞭成一字状，掌心朝外；目视鞭梢。（图4–35）

图4－35

注：此倒插步扫鞭也可以变化为坐盘式点鞭。

要领说明：整个动作要做到缠绵不断，劲力完整合一；双手持鞭向上封架对方兵器时，要做到松肩沉肘，力贯双臂，要有反旋的缠掤劲。

用法一　破右拳上架缠头下撩鞭变裹脑击打膝关节法（对徒手）

1. 当对方进右步出右拳攻击我面部时，我双手成双阴把持鞭，向上方封挡对方来拳。（图4–36）

2. 我右腿顺势进步，右手持鞭缠头，从后快速向前撩击对方裆部。（图4–37）

图4–36

图4–37

3. 如果对方闪身向我右侧躲过，我顺势裹脑，鞭势不停，向后下方插步进身，扫击对方右膝关节。（图4-38）

图4-38

用法二　破兵器下砸上架崩弹法（对兵器）

当对方抡动大棍向我当头劈来时，我左腿向前进步，同时，双手成双阴把持鞭上架，以螺旋劲封住对方来势。（图4-39）

图4-39

用法三　破兵器上架虚实卸力法（对兵器）

当对方以长兵器向我头部砸击，我用鞭向上封架时，右手微向下放松，右手向上领劲，使其劲力走空，卸掉砸击我的力量，以图趁势反击。（图4-40）

图4-40

用法四　缠头下撩击裆法（对兵器）

承接上式打法。当对方砸击我头部的力量走空后，我右手持鞭，顺势从身体左侧缠头一周，同时，右腿向前进步，右手抡鞭从后向前、向上撩击对方裆部。（图4-41）

图4-41

用法五　倒插步裹脑下点击打膝关节法（对兵器）

1. 当对方抡动大棍向我当头劈来时，我左腿向前进步；同时，双手成双阴把持鞭上架，以螺旋劲封住对方来势。（图4-42）

2. 右手持鞭从脑后向前缠裹一周，左腿顺势向右腿后侧插步；同时，右手持鞭向后下方扫击对方右膝。（图4-43）

图4-42

图4-43

第七式　横扫千军

【动作说明】

腰裆左转180°；左掌向左后划弧半周收到腰间，同时，右手持鞭随身体左转向左横扫一周；目视右前方。（图4-44）

图4-44

要领说明：此鞭法属于米字八道的右横扫之法。在实战中，其攻击的部位分上、中、下三路。上路是攻击对方的头部或颈部；中路是专扫对方的肋部或肘关节；下路是专打对方的膝关节或踝关节。横扫时，要力达鞭梢，鞭随身转，腰裆转换要圆活，劲力要完整合一。

用法一　破左拳左採横扫左太阳穴法（对徒手）

1. 当对方进左步出左拳攻击我面部时，我右腿在前，腰裆左转，左手採住对方左腕，右手持鞭在右侧身后。（图4-45）

图4-45

2. 腰裆继续左转，左手採住对方左腕向左侧引劲；同时，右手持鞭随身体左转，向前横扫对方左太阳穴。（图4-46）

图4-46

用法二　破左拳左採横扫左肋法（对徒手）

1. 当对方进左步出左拳攻击我面部时，我右腿在前，腰裆左转，左手採住对方左腕，右手持鞭在右侧身后。（图4–47）

2. 腰裆继续左转，左手採住对方左腕向左侧引劲；同时，右手持鞭随身体左转，向前横扫对方腋下肋部。（图4–48）

图4–47

图4–48

用法三　破左拳左採横扫左膝关节法（对徒手）

1. 当对方进左步出左拳攻击我面部时，我右腿在前，腰裆左转，左手採住对方左腕，右手持鞭在右侧身后。（图4-49）

2. 腰裆继续左转，左手採住对方左腕向左侧引劲；同时，右手持鞭随身体左转，向前横扫对方左膝关节。（图4-50）

图4-49

图4-50

用法四 倒插步后点鞭变左转身后扫鞭法（对兵器）

1. 承接上式打法。当对方兵器被我封架后，我以撩势攻击对方，对方躲闪过我的撩鞭势，我乘势点击对方右膝关节，对方用兵器封挡住我的下点时。（图4-51）

2. 我向左快速转体，右手持鞭，转身向左侧身后横扫对方左太阳穴或颈部。（图4-52）

图4-51

图4-52

第八式　黄龙入洞

【动作说明】

腰裆右转；左手成阴把接住鞭身，右腿向右侧进半步成四平大马，同时，右手领劲螺旋，以身带鞭，向右侧戳击；目视右前方。（图4–53）

图4－53

要领说明：鞭把戳击时，要做到力透鞭根，劲力贯穿，身体要保持中正安舒，沉裆塌劲，鞭走螺旋。

用法一　横扫左太阳穴变右戳鞭（对徒手）

1. 敌我面对，我先声夺人，腰裆左转，右手持鞭，横扫对方左侧太阳穴。（图4–54）

图4－54

2. 如果对方低头躲过我的横扫鞭，我顺势腰裆右转，鞭随身体运转一周后，右腿进步变势，用鞭根戳击对方胸部。（图4-55）

图4-55

用法二　横扫左膝关节变右戳咽喉法（对徒手）

1. 敌我面对，对方左腿在前时，我腰裆左转，右手持鞭，横扫对方左膝关节。（图4-56）

图4-56

2. 如果对方提左膝躲过我的横扫鞭时，我顺势腰裆右转，鞭随身体运转一周后，右腿进步变势，用鞭根戳击对方咽喉。（图4–57）

图4–57

用法三　破左拳横扫左肘变右戳左肋法（对徒手）

1. 当对方进左步出左拳攻击我面部时，我腰裆左转，右手持鞭横扫对方的左肘关节。（图4–58）

图4–58

2. 鞭随身体旋转一周后，左手接鞭，双手变双阴把，右腿顺势进步，以鞭根直戳对方左肋。（图4-59）

图4-59

用法四　破右拳横扫腕关节变右戳胸口法（对徒手）

1. 当对方进右步出右拳攻击我面部时，我腰裆左转，右手持鞭横扫对方的右腕关节。（图4-60）

图4-60

2. 鞭随身体旋转一周后，左手接鞭，双手变双阴把，右腿顺势进步至对方中门，以鞭根直戳对方胸口。（图4–61）

图4–61

用法五　破刺喉横扫变进步右戳左肋法（对兵器）

1. 当对方以枪、棍等其他兵刃向我咽喉或胸部刺来时，我腰裆左转，右手持鞭横扫对方兵刃，使对方兵刃被我拦截而露出门户。（图4–62）

图4–62

2. 鞭随身体旋转一周后，左手接鞭，双手变双阴把，右腿顺势进步至对方左腿后侧，以鞭把直戳对方左肋。（图4–63）

图4–63

第九式　怀中抱月（左）

【动作说明】

腰裆左转；左手握鞭向内侧螺旋旋转，低于膝下，同时，右手持鞭向左侧螺旋推掤；步法顺势变成马步，鞭在身体中线呈竖直拦挡；目视前方。（图4–64）

图4–64

要领说明：腰裆转换要圆活，立鞭封挡对方兵器时，马步要做到脚趾抓地，沉裆塌劲；另外，左手握鞭要有外转的螺旋劲。

用法一　破右高鞭腿拦截打法（对徒手）

1. 当对方以右高鞭腿攻击我左侧头部时，我腰裆左转，双手成双阴把持鞭，沉马封挡住对方右高鞭腿。（图4–65）

图4–65

图4–66

2. 当对方右腿扫踢到鞭身之时，我腰裆顺势右转，左手向上捆架，用鞭身将对方右腿托起，并向上螺旋发力，使其失去平衡而摔出。（图4–66）

用法二　破左外摆腿拦截打法（对徒手）

1. 当对方以左外摆莲腿转身攻击我左侧头部时，我腰裆左转，双手成双阴把持鞭，沉马封挡住对方左摆莲腿的攻击。（图4–67）

图4–67

2. 当对方左腿摆踢到鞭身之时，我腰裆顺势右转，左手向上掤架，用鞭身将对方左腿托起，并向上螺旋发力，使其失去平衡而摔出。（图4-68）

图4-68

用法三　破兵器左横扫拦截法（对兵器）

当对方手持兵器，从左向右横扫我腰部时，我腰裆左转，双手成双阴把持鞭，沉马封挡住对方兵器的攻击。（图4-69）

图4-69

第十式 樵夫砍柴

1. 腰裆左转；双阴把持鞭，向上托鞭至头上时，左手松开，变右手持鞭，从头上向身后裹脑；步法不变，目视前方。（图4-70）

图4-70

2. 左手接握鞭把，成双手持鞭把势；左腿顺势向左前方上步；同时，双手抡鞭向左前下方砍击；目视鞭梢。（图4-71）

要领说明：此式顾名思义，就像樵夫用斧子砍树一样，主要攻击对方的下盘，击打的部位是对方左右的膝关节或脚踝。

图4-71

用法一　破左拳左封挡右劈膝关节法（对徒手）

1. 当对方进左步出左拳攻击我面部时，我反手提鞭，鞭梢朝下向左侧旋转横档，化开对方的攻势。（图4–72）

图4－72

2. 腰裆向左旋转，右手提鞭，从脑后旋转一周后变双手持鞭，向前劈砍对方的左膝关节。（图4–73）

图4－73

用法二　破横砍左封架右劈腿法（对兵器）

1. 当对方左腿在前，用兵器从前方攻击我中、上路时，我双手反提鞭向前挡住对方的攻势。（图4–74）

图4−74

2. 腰裆继续左转，双手持鞭运行不停，从身后向前旋转一周后，劈击对方左膝关节。（图4–75）

图4−75

第十一式　怀中抱月（右）

【动作说明】

腰裆右转，双腿顺势成马步；右手顺鞭杆向鞭梢下滑，在身前成竖立势遮挡；目视前方。（图4-76）

要领说明：要求沉裆塌劲，马步要沉稳；双手持鞭时，要有掤劲，做到鞭人合一，劲力要完整贯穿。

图4-76

图4-76正

用法一　破左高鞭腿竖鞭拦截别腿摔（对腿法）

1. 当对方右左高鞭腿攻击我右侧头部时，我沉马竖鞭拦挡住对方的攻势。（图4-77）

图4-77

2. 我右手向上掤缠，用鞭托住对方左腿，向上方掀抬。腰裆左转，双手举鞭托住对方左腿向左侧发力；同时，右腿进步到对方右腿前侧，将其别摔而倒。（图4-78）

图4-78

图4-79

用法二　破右摆莲腿竖鞭拦截挤靠摔（对腿法）

1. 当对方用右摆莲腿右转身踢击我时，我沉马竖鞭拦挡住对方的攻击。（图4-79）

2. 腰裆左转，双手托鞭，左虚右实，将对方右腿缠住掤起，使其右腿被鞭封住托起，无法下落；同时，我掤劲不丢，双手持鞭向前推挤，使其仰跌而出。（图4-80）

图4-80

用法三　破右横扫右拦截法（对兵器）

当对方手持兵器从我右侧横扫我腰部之时，我腰裆右转，沉马塌裆，竖鞭拦挡住对方的兵器。（图4-81）

图4-81

第十二式　樵夫砍柴

【动作说明】

1. 腰裆右转；双手持鞭的把位不变，双手持鞭随腰裆右转向右后裹脑遮拦。（图4-82）

图4-82

图4-83

2. 上动不停。右手松开，以左手持鞭裹脑护住身体，鞭从身后运行至身体左侧，同时，右手换把握到左手外侧。（图4-83）

3. 右腿向右前方进步，腰裆右转；双手持鞭，随右腿进步向右前下方砍击。（图4-84）

图4-84

要领说明：腰裆转换要圆活，拦挡对方拳脚或兵器时，要有松沉的掤劲；抡劈时，要迅速有力，一定要做到稳、准、狠。

用法一　破右拳右拦截右劈脚踝法（对拳法）

1. 当对方进右步出右拳攻击我面部时，我双手成双阴把持鞭，拦截住对方右拳的攻击。（图4-85）

2. 上动不停。鞭继续运行变左手持鞭，从右侧身后向左侧旋转，右手变换部位，双手持鞭随右腿进步，同时，向前下方劈击对方右脚踝。（图4-86）

图4-85

图4-86

用法二　破左高鞭腿右拦截右劈脚踝进步肩靠法（对腿法）

1. 当对方运用左高鞭腿攻击我右侧头部时，我腰裆右转，双手持鞭，以双阴把拦截住对方左腿的攻击。（图4-87）

图4-87

2. 上动不停。鞭继续运行变左手持鞭，从右侧身后向左侧旋转，右手变换部位，双手持鞭随右腿进步，同时，向前下方劈击对方右脚踝。（图4–88）

图4–88

3. 如果对方躲过我的劈击，我顺势右腿向前滑步，用右肩靠击对方胸部。（图4–89）

图4–89

用法三 破右劈拦截下劈脚踝法（对兵器）

1. 当对方用长兵器从右侧劈击我中、上盘时，我双手成双阴把持鞭，拦截住对方兵器的攻击。（图4-90）

2. 上动不停。鞭继续运行变左手持鞭，从右侧身后向左侧旋转，右手变换部位，双手持鞭随右腿进步，同时，从中门向前下方劈击对方内侧左脚踝。（图4-91）

图4-90

图4-91

用法四　破偷袭右裹脑转身下劈脚踝法（对兵器）

1. 当对方手持兵器从我身后偷袭我右侧头部时，我腰裆右转，双手持鞭用裹脑之法拦挡住对方兵器的攻击。（图4-92）

2. 上动不停。腰裆加大右转，步法不变，以双手持鞭向右后下方劈击对方脚踝部位。（图4-93）

图4-92

图4-93

第十三式 乌龙摆尾

【动作说明】

1. 腰裆右转；双手持鞭的部位不变，双手持鞭翻腕反旋变反截。（图4-94）

2. 腰裆左转；双手持鞭成反手势向上、向后，从下方在身体右侧运行一周再向前上方撩击；步法不变，目视前方。（图4-95）

图4-94

图4-95

3. 腰裆右转；双手持鞭运行不停，依次向后、向下、向前在身体左侧向前撩击；步法不变，目视前方。（图4-96）

图4-96

4. 腰裆左转，左腿向前进步；双手持鞭成反手势向上、向后，从下方在身体右侧运行一周再向前上方撩击；目视前方。（图4–97）

图4–97

图4–98

5. 腰裆右转，右腿向前进步；双手持鞭运行不停，依次向后、向下、向前在身体左侧向前撩击；目视前方。（图4–98）

要领说明：此法为左右提撩鞭。此鞭法攻中有防，防中有攻，攻防兼备，虚实并蓄。上撩封拦对方兵器时，鞭走螺旋，要有崩弹劲；撩击对方双膝或裆部，抡鞭要圆活舒展，劲力要通达到鞭梢，做到鞭随腰转，身鞭合一。

用法一　破右扫反手拦截撩击左膝关节法（对兵器）

1. 如果对方用兵器从我右侧横扫我中盘时，我腰裆右转，双手反持鞭拦截住对方的攻击。（图4–99）

2. 腰裆左转，双手持鞭顺势向后、向下运转一周，向前撩击对方左膝关节。（图4–100）

图4–99

图4–100

用法二 破左劈左上架左撩击右膝关节法（对兵器）

1. 如果对方用兵器从左侧头部上方劈击时，我腰裆左转，双手持鞭从右侧下方向上抡挡，以螺旋劲化解对方的劈击。（图4-101）

2. 上动不停。双手持鞭顺势向后、向下运转一周，借助鞭运行的惯性，向前撩击对方的前膝关节。（图4-102）

图4-101

图4-102

用法三　破右劈右上架右进步撩击裆部法（对兵器）

1. 当对方用变拳从我右侧头部上方劈击时，我双手持鞭，从左侧下方向右前上方抡挡，以螺旋劲化解对方的劈击。（图4-103）

2. 上动不停。左腿向前进步，双手持鞭从右侧抡转一周后，向前撩击对方裆部。（图4-104）

图4-103

图4-104

用法四　破左劈左上架左进步撩击裆部法（对兵器）

1. 如果对方用兵器从左侧头部上方劈击时，我腰裆左转，双手持鞭从右侧下方向上抡挡，以螺旋劲化解对方的劈击。（图4-105）

2. 上动不停。双手持鞭顺势向后、向下运转一周，借助鞭运行的惯性；同时，右腿向前进步，双手抡鞭撩击对方的裆部。（图4-106）

图4-105

图4-106

第十四式 力劈华山

【动作说明】

1. 上动不停。双腿蹬地，左腿向前跳起跃步。（图4–107）

2. 身体右转身180°；双手持鞭在左肩侧；目视右后方。（图4–108）

图4–107

图4–108

3. 腰裆右转，右腿向身后落步；同时，双手抡鞭成阴阳把，转身向身后下劈；双腿成马步，目视鞭梢。（图4–109）

要领说明：在贴身运用肘法或肩靠时，双手持鞭要封、挪住对方的兵器；发力时，要做到松肩沉肘、沉裆塌劲；抡鞭翻身回砸，要借助身体的惯性，做到身鞭合一，劲力贯穿。

图4–109

用法一　破右劈击上撩拦截跃步转身撞肘法（对兵器）

1. 当对方举兵器从我右侧斜劈我头部时，我双手提鞭，从下向上撩击，挡住对方的兵器袭击。（图4-110）

图4-110

2. 上动不停。当鞭与对方兵器接触的一刹那，我顺势向前跃进，靠近对方，转身以右肘撞击对方心口。（图4-111）

图4-111

用法二 破左劈击上撩拦截转身戳击右肋法（对兵器）

1. 当对方举兵器从我左侧向我头部斜劈时，我双手提鞭，从下向上撩击，扫开对方的兵器袭击。（图4–112）

2. 上动不停。我顺势左腿进步，靠近对方；同时，右腿倒插步，右转身180°，用鞭根戳击对方右肋部位。（图4–113）

图4–112

图4–113

用法三　破偷袭前跃步转身劈击法（对兵器）

1. 当对方手持长兵器在我身后向我头部劈击时，我顺势左腿向前跃出，躲开对方的攻势。（图4-114）

2. 上动不停。我身体跃出后，顺势向右转体180°，同时左腿进步，双手持鞭抡起，从上向下砸击对方头部。（图4-115）

图4-114

图4-115

第十五式　单风贯耳

【动作说明】

1. 右手向回抽拉鞭身，左手顺势向鞭梢前滑动；目视前方。（图4–116）

2. 左手持鞭梢翻把下拨收至腋下，变掌心朝上；同时，腰裆微左转，左前脚尖外摆；右手向前盖鞭变掌心朝下；目视前方。（图4–117）

图4–116

图4–117

3. 腰裆左转；右手反持鞭把，在身前从上向左、向下划一立圆拨拦，左手顺势变立掌收至右肩内侧；目视前方。（图4–118）

图4–118

4. 腰裆右转；右手持鞭，随腰裆右转向后下方拨拦运转，身鞭劲力合一；目视右前方。（图4–119）

图4–119

图4–120

5. 腰裆左转，右腿向前进步；同时，右手持鞭，随腰裆左转向前摆击；目视鞭把。（图4–120）

要领说明：右手拨化对方的拳脚或兵器时，要做到以腰带鞭，劲力完整合一；身法、步法、鞭法要协调一致，做到步到鞭到；右手持鞭摆击时，要做到劲力贯穿，松肩沉肘，沉裆塌劲。

用法一　破右拳右拨进步切喉别摔法（对拳法）

1. 当对方进右步出右拳攻击我胸部时，我腰裆左转，反手持鞭把，自前向后拨开对方右拳的攻击。（图4-121）

2. 上动不停。右腿进步到对方右腿后侧，右手反持鞭把切压对方的咽喉或颈部，随身体左转之势将对方切别摔出。（图4-122）

图4-121

图4-122

用法二　破左拳左採进步摆击太阳穴法（对拳法）

1. 当对方进左步出左拳攻击我面部时，我腰裆左转，左手正旋採住对方左腕。（图4-123）

2. 左手採住对方左腕向左侧引劲，右腿进步，同时，右手持鞭，以鞭把顺势摆击对方左太阳穴。（图4-124）

图4-123

图4-124

用法三　破中刺右拦摆击左太阳穴法（对兵器）

1. 当对方手持长枪或其他兵器向我心口刺来之时，我腰裆左转，右手反持鞭向右侧化开对方的攻击。（图4–125）

2. 上动不停。如果对方兵器被我化解开，右腿顺势向前踏进一大步；同时，运用鞭把乘势向前摆击对方左侧太阳穴。（图4–126）

图4－125

图4－126

第十六式　舞花鞭

【动作说明】

1. 腰裆左转；右手持鞭把向左侧贴身下拨，同时，左手从右腋下掌心朝上握住鞭梢；步法不变，目视前方。（图4-127）

2. 腰裆微右转；双手持鞭，继续在身体左侧运转一周，以鞭梢向前砸击；步法不变，目视前方。（图4-128）

图4-127

图4-128

3. 腰裆右转；双手以阴阳把持鞭，左手在前，用鞭梢从身体右侧贴身体向下、向后拨鞭；步法不变，目视前方。（图4-129）

图4-129

4. 腰裆微左转；鞭梢继续运转一周，鞭梢下拨向后，以鞭把向前砸击；步法不变，目视前方。（图4-130）

5. 腰裆左转；右手持鞭把向左侧贴身下拨，同时，左手从右腋下掌心朝上握住鞭梢；步法不变，目视前方。（图4-131）

图4-130

图4-131

6. 腰裆微右转；双手持鞭，继续在身体左侧运转一周，以鞭梢向前砸击；步法不变，目视前方。（图4-132）

图4-132

注：这是两个完整的左右舞花。此舞花鞭在套路演练时，可以多做几个舞花动作，以加强练习。

要领说明：舞花鞭是鞭法中重要的招法。它不仅仅是防守左右攻击的反击招法，也是在重围中严密防守或进攻的必要手段。步法可进可退，身法要圆活，手法要灵活有力，做到身鞭合一。

用法一　破右拳左拨左盖打头部法（对拳法）

1. 当对方进右步出右拳攻击我腹部时，我腰裆左转，以鞭把向左下方拨开对方的右拳攻势。（图4-133）

2. 腰裆右转，以鞭把掤住对方的右拳，同时，左手握住鞭梢，顺势向前盖砸对方头部。（图4-134）

图4-133

图4-134

用法二 破左拳右拨右盖打头部法（对拳法）

1. 当对方进左步出左拳攻击我腹部时，我腰裆右转，用鞭梢向右下方拨开对方左拳攻势。（图4–135）

2. 腰裆左转，左手持鞭梢掤住对方的左拳，同时，右手鞭把顺势向前盖打对方面部或头部。（图4–136）

图4–135

图4–136

用法三　破右蹬腿左拨劈面打法（对腿法）

1. 当对方用右蹬腿攻击我腹部时，我腰裆左转，以鞭把向左下方拨开对方的右蹬腿。（图4–137）

2. 腰裆右转，以鞭把掤住对方的右腿，同时，左手握住鞭梢，顺势向前盖砸对方头部。（图4–138）

图4–137

图4–138

用法四　破左刺左拨左盖头砸法（对兵器）

1. 当对方运用长兵器向我腹部刺来时，如果刺来之锋偏向我左侧，我顺势腰裆左转，鞭把螺旋左转化解来势。（图4-139）

2. 腰裆右转，以鞭把掤缠住对方的兵器，同时，右腿迅速进步，靠近对方，以鞭梢砸击对方头部。（图4-140）

图4-139

图4-140

用法五　破右刺右拨右盖头砸法（对兵器）

1. 当对方运用长兵器向我腹部刺来时，如果刺来之锋偏向我右侧，我顺势腰裆右转，鞭梢向下螺旋右转化解来锋。（图4-141）

2. 腰裆左转，以鞭梢掤缠住对方的兵器，同时，左腿迅速进步，以鞭把砸击对方头部。（图4-142）

图4-141

图4-142

第十七式　十字劈

图4-143

【动作说明】

1. 接上动。左腿向前进步，腰裆右转；右手持鞭向右前下方掤挤，左手变掌按于左胯旁；目视鞭梢。（图4-143）

2. 右腿进步；右手持鞭，在身体右侧向前抡鞭劈砸，左手顺势附于右手前；双腿微屈，目视鞭梢。（图4-144）

图4-144

要领说明： 右手抡鞭封劈对方的拳脚或兵器时，要有螺旋劲；左腿进步要快速，右手抡鞭劈砸要有力，要力达鞭梢。

用法一 破左拳封劈进步劈砸法（破拳法）

1. 当对方进左步出左拳攻击我面部时，我腰裆右转，右手抡鞭，从上至下劈击对方左腕关节，封锁对方左拳的攻势。（图4–145）

2. 腰裆左转，我左腿顺势进步，右手抡鞭向前劈砸对方头部。（图4–146）

图4–145

图4–146

用法二　破右拳封劈进步砸头法（破拳法）

1. 当对方进右步出右拳攻击我腹部时，我腰裆右转，右手抡鞭，从上向下劈击对方右手腕，封锁对方右拳的攻势。（图4-147）

2. 我腰裆左转，左腿顺势进步至对方右腿后侧，右手抡鞭顺势向前劈击对方头部。（图4-148）

图4-147

图4-148

用法三　破左低鞭腿右劈挤进步砸击法（破腿法）

1. 当对方以左低鞭腿攻击我右侧腿部时，我腰裆右转，右手抡鞭，从上向下从内侧劈击对方左脚踝处。（图4–149）

2. 上动不停。我顺势腰裆左转，左腿进步，右手抡鞭向前砸击对方头部。（图4–150）

图4–149

图4–150

用法四　破左劈右封劈进步砸击法（破兵器）

1. 当对方抡棍向我左侧头部或颈部劈来时，我双手抡鞭从右向左前方迎击劈截，封锁对方的劈势。（图4-151）

2. 在对方的劈势被我封挡的瞬间，我左腿进步，腰裆左转，右腿跟进，右手顺势抡鞭向前砸击对方的头部。（图4-152）

图4-151

图4-152

用法五　破中刺右劈挤进步砸击法（破兵器）

1. 当对方用枪向我心窝刺来之时，我右手抡鞭自上向下劈击对方枪头，封锁住对方的攻击。（图4–153）

2. 接上动。我左腿迅速进步，腰裆左转，右腿进步，右手抡鞭，在对方来不及换式之时，迅速砸击对方头部。（图4–154）

图4–153

图4–154

第十八式　流星赶月

【动作说明】

1. 左腿进步，腰裆左转；双手持鞭，从下向上方反抡；目视鞭梢。（图4–155）

图4–155

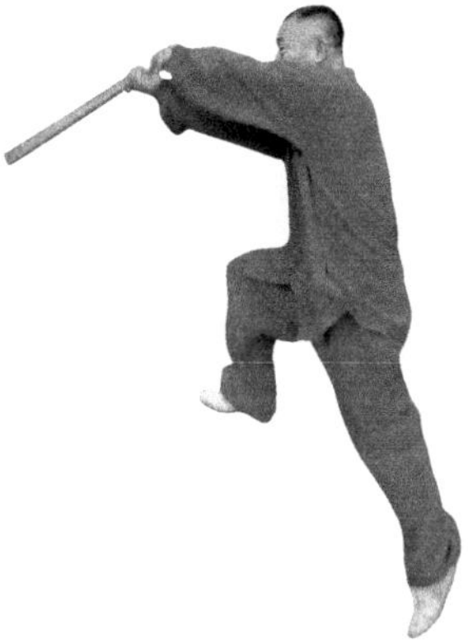

图4–156

2. 左腿向前跃步跳起；右手抡鞭向后、向前运转一周向前方撩击；目视鞭梢。（图4–156）

要领说明：破解拳脚，假设对方后退，我顺势跃步直追，如果对方来不及后撤，我就可以直接撩击。破解长兵器时跃步进身，是因为对方兵器长的缘故，所以，必须跃进才能接近对方。在撩击时，鞭法要抡圆，走势要凶猛，身法要快捷，步伐要轻灵、稳健。

用法一　破右拳下抡格跃步撩裆法（对拳法）

1. 当对方进右步出右拳攻击我面部时，我左腿进步，腰裆左转，双手抡鞭从下向上撩击对方的右腕。（图4–157）

2. 接上动。如果对方收拳后撤，我左腿顺势向前跃起跟进，右手持鞭撩击对方裆部。（图4–158）

图4–157

图4–158

用法二 破左拳下抡格跃步撩阴法（对拳法）

1. 当对方进左步出左拳攻击我面部时，我左腿进步，腰裆左转，同时，双手抡鞭从下向上撩击对方的左腕。（图4-159）

2. 接上动。如果对方收拳后撤，我左腿顺势向前跃起跟进，右手持鞭撩击对方裆部。（图4-160）

图4-159

图4-160

用法三　破右高鞭腿下抡格跃步撩裆法（对腿法）

1. 当对方出右高鞭腿攻击我左侧头部时，我左腿进步，同时，双手抡鞭从下向上撩击对方右脚踝处。（图4–161）

2. 如果对方收腿后撤，我左腿顺势跃起向前，右手持鞭撩击对方裆部或小腹。（图4–162）

图4–161

图4–162

用法四　破左劈下抡格跃步撩击法（对兵器）

1. 当对方双手抡棍向我左侧头部劈来时，我左腿进步，腰裆左转，双手抡鞭向上方撩击，截住对方的攻势。（图4–163）

2. 我左腿借势向前跃起，同时，右手持鞭顺势向前撩击对方裆部。（图4–164）

图4–163

图4–164

用法五　破上刺下抡格跃步追击法（对兵器）

1. 当对方用长枪刺我咽喉时，我左腿进步，腰裆左转，双手抡鞭向上方撩击，截住对方的攻势。（图4-165）

2. 我左腿借势向前跃起，同时，右手持鞭顺势向前撩击对方裆部。（图4-166）

图4-165

图4-166

第十九式 霸王举鼎

【动作说明】

右腿向前方落步，沉裆落马，成左偏马步；同时，身体左转135°；右手向左前方撩击，左手向上接住鞭梢，双手将鞭杆斜架于头前上方；目视左前方。（图4-167）

图4-167

要领说明： 此鞭法就是破解由上而下的砸击之法。在双手上架时，双腕要有翻转的螺旋劲，使鞭杆带有螺旋缠丝，要做到力达脚底。

用法一 破右拳架鞭法（对拳法）

当对方进右步出右拳攻击我面部时，我双腿以马步站立，双手握住鞭杆向上方架起，封住对方右拳。（图4-168）

图4-168

用法二　破右高鞭腿架鞭法（对腿法）

当对方以右高鞭腿扫踢我左侧头部时，我双手握住鞭杆向上方架起，封住对方右腿的攻击。（图4-169）

图4-169

用法三　破劈棍架鞭法（对兵器）

当对方以长棍砸击我头部时，我双手持鞭向上方架起，封住对方棍法的砸击。（图4-170）

图4-170

用法四　破上刺架鞭法（对兵器）

当对方以长枪向我头部刺来时，我双手持鞭向上方架起，封住对方的上平枪。（图4–171）

图4–171

第二十式　燕子穿林

【动作说明】

1. 腰裆右转；双手以双阴把持鞭向身前绞拨；双腿成马步不变，目视鞭梢。（图4–172）

图4–172

2. 上动不停。腰裆左转；双手持鞭向身后绞拨；马步不变，目视鞭梢。（图4–173）

图4－173

图4－174

3. 上动不停。右腿向左腿后侧倒插步；同时，双手持鞭顺势向左后方戳出；目视鞭尖。（图4–174）

要领说明： 鞭梢绞拨对方拳脚或兵器时，要有粘黏劲；插步戳击要做到身鞭合一，劲力贯穿。

用法一　破右直拳前拨插步戳击肋部法（对拳法）

1. 当对方进右步出右直拳攻击我面部时，我腰裆右转，以双阴把持鞭，鞭梢向前拨开对方右拳。（图4–175）

2. 上动不停。我右腿向左腿后侧倒插步，同时，顺势用鞭尖戳击对方肋部。（图4–176）

图4–175

图4–176

用法二 破右直拳后拨插步戳击小腹法（对拳法）

1. 当对方进右步出右直拳攻击我胸部时，我腰裆左转，以双阴把持鞭，鞭梢向后拨开对方的右拳。（图4-177）

2. 上动不停。我右腿向左腿后侧倒插步，同时，顺势用鞭尖戳击对方小腹。（图4-178）

图4-177

图4-178

用法三 破左直拳后拨插步戳肋法（对拳法）

1. 当对方进左步出左直拳攻击我面部时，我腰裆左转，以双阴把持鞭，鞭梢向后拨开对方的左拳。（图4-179）

2. 上动不停。我右腿向左腿后侧倒插步，同时，用鞭尖戳击对方左肋。（图4-180）

图4-179

图4-180

用法四　破右高鞭腿前拨别腿摔法（对腿法）

1. 当对方出右高鞭腿攻击我左侧头部时，我腰裆右转，以双阴把持鞭，鞭梢向前拨开对方右腿。（图4-181）

2. 腰裆右转。我左腿顺势插到对方左腿前，同时，用鞭梢拨打对方背部或后脖颈，左腿进步别摔，将对方别摔而倒。（图4-182）

图4-181

图4-182

用法五 破长兵前拨插步戳击心窝法（对兵器）

1. 当对方使长枪向我咽喉刺来时，我以双阴把持鞭，用鞭梢向前拨开对方的来势。（图4-183）

2. 上动不停。我右腿向左腿后侧插步，接近对方，同时，双手持鞭，以鞭尖戳击对方心窝。（图4-184）

图4-183

图4-184

用法六　破长兵器后拨插步戳击左肋法（对兵器）

1. 当对方使长枪向我胸部刺来时，我以双阴把持鞭，用鞭梢向后侧拨开对方的来势。（图4–185）

2. 上动不停。我右腿向左腿后侧插步，接近对方，同时，双手持鞭，以鞭尖戳击对方左肋。（图4–186）

图4–185

图4–186

第二十一式　风扫梅花

【动作说明】

身体右转180°，步法随身体成马步；同时，右手持鞭，随身体右转向后横扫；目视右前方。（图4–187）

注：鞭杆横扫的高度要与头齐。

要领说明： 转身横扫要迅猛，转体要圆活，要力达鞭梢，做到身鞭合一，动作协调一致。

图4–187

用法一　破右拳前拨转身横击后脑法（对拳法）

1. 当对方进右步出右直拳攻击我面部时，我腰裆右转，以双阴把持鞭，鞭梢向前拨开对方右拳。（图4–188）

图4–188

2. 上动不停。我右腿倒插步，身体右转180°，同时，右手持鞭随身体右转横击对方后脑或太阳穴。（图4–189）

图4–189

用法二　破左高鞭腿前拨转身横扫颈部法（对腿法）

1. 当对方出左高鞭腿攻击我右侧头部时，我双阴把持鞭，以鞭梢向前拨开对方的左鞭腿。（图4–190）

图4–190

2. 上动不停。我右腿向左腿后侧插步，接近对方，同时，身体右后旋转180°，右手持鞭顺势横扫对方颈部。（图4-191）

图4-191

用法三 破长兵前拨滚身横击头部法（对兵器）

1. 当对方用长枪向我胸部刺来时，我双阴把持鞭，以鞭梢向前拨开对方的枪头。（图4-192）

图4-192

2. 上动不停。我右腿向左腿后侧插步，接近对方，同时，身体右后旋转180°，右手持鞭顺势横扫对方头部。（图4–193）

图4–193

用法四　破长兵器前拨转身下扫击打腿部法（对兵器）

1. 当对方用长枪向我胸部刺来时，我双阴把持鞭，以鞭梢向前拨开对方的枪头。（图4–194）

图4–194

2. 上动不停。我右腿向左腿后侧插步，接近对方，同时，身体右后旋转180°，右手持鞭顺势向下横扫对方腿部。（图4-195）

图4-195

第二十二式　倒打金冠

【动作说明】

左腿向前上步；右手鞭回收，同时，右手持鞭，顺势从左肩处向身后砸击；目视前方。（图4-196）

图4-196

要领说明： 此动作要做到右臂放松，鞭法后击，要有鞭子的甩劲。在“太师鞭谱”中，倒打紫金冠歌诀，“脑后一鞭鬼神亡”就是此意，乃败中求胜之法。

用法一　转身诈败倒打法（对拳法）

1. 当我在重围之中与强敌相遇时，我右手持鞭，转身诈败而走，敌必追击。（图4–197）

2. 我在对方追近之时，突然驻足，右手抡鞭从左肩上后撩，敌必中计。（图4–198）

图4–197

图4–198

用法二　破长兵右挒挤转身倒打法（对兵器）

1. 敌我面对，对方以长兵向我咽喉刺来时，我腰裆右转，以鞭梢外缠拨开对方的长兵。（图4-199）

2. 上动不停。我右腿顺势向左腿后插步，接近对方，同时，右手抡鞭从左肩上反撩回砸对方头部。注：此法有出奇制胜之妙。（图4-200）

图4-199

图4-200

用法三 破解长兵后刺防守法（对兵器）

1. 当我与长兵相遇难以抵挡之时，我抽身欲撤，对方急赶追击，同时，以长枪刺向我后心。（图4–201）

2. 我以余光或身体的感应感觉对方长枪刺来时，我立马驻足，右手抡鞭，从左肩上向身后回撩，化开对方的夺命枪。（图4–202）

图4–201

图4–202

用法四　破长兵诱敌深入反击法（对兵器）

1. 当我与长兵相遇，我急闪身跳出圈外抽身而撤，以诱敌追击，如果对方中计而用长枪向我后心急追刺来。（图4-203）

2. 我迅速右转回身，右手持鞭横扫化开对方长兵，同时，左腿上步，身体右转，右手抡鞭从左肩上回撩，砸击对方头部。（图4-204）

图4-203

图4-204

第二十三式　猴子窜杆

【动作说明】

1. 上动不停。左手反把从左肩上握住鞭把；步法不变，目视前方。（图4-205）

2. 接上动。左手在左肩上握住鞭把，右手虎口朝上从左腋下握住鞭把；步法不变，目视前方。（图4-206）

图4-205

图4-206

3. 接上动。右腿向前进步，左手握鞭内旋，变双手阴阳把持鞭，以鞭梢向右上方挑拨；目视前方。（图4-207）

4. 接上动。鞭梢垂放到右肩之上，双腿向前滑步跟进，同时，双手持鞭向前戳击；目视前方。（图4-208）

图4-207

图4-208

要领说明：左右手在变换把位时，要做到自然顺畅；上挑时，要以腰带鞭，劲力要贯穿；前戳时，要力透鞭根，做到身鞭合一，协调一致。

用法一 破左拳上挑进步戳击咽喉法（对拳法）

1. 当对方进左步出左拳攻击我面部时，我腰裆右转，双手成阴阳把持鞭，向上挑拨对方的左拳，化解其左拳的来势。（图4-209）

图4-209

2. 我腰裆左转，右腿微向前进步，同时，双手持鞭，顺势以鞭根向前戳击对方咽喉。（图4–210）

图4–210

用法二　破右拳进中门上挑戳击心口法（对拳法）

1. 当对方进右步出右直拳攻击我面部时，我腰裆左转，右腿踏进对方中门，双手成阴阳把持鞭，向上挑拨对方的右拳，化解其右拳的来势。（图4–211）

图4–211

2. 我腰裆右转，左腿微向前跟进，同时，双手持鞭，沉裆下塌，顺势以鞭根向前戳击对方心口。（图4–212）

图4–212

用法三　破左高鞭腿右挑拨进步戳击胸部法（对腿法）

1. 当对方以左高鞭腿袭击我右侧头部时，我腰裆右转，双手成阴阳把持鞭，向右上方挑拨开对方的左腿，化解其左腿的来势。（图4–213）

图4–213

2. 我腰裆左转，右腿微向前进步，同时，双手持鞭，顺势以鞭根向前戳击对方胸部。（图4–214）

图4–214

用法四　破上刺上挑拨进步戳击咽喉法（对兵器）

1. 当对方用长枪向我面部刺来时，我腰裆右转，双手成阴阳把持鞭，向右上方挑拨开对方的兵刃，化解其长枪的来势。（图4–215）

图4–215

2. 我右腿向前进步，腰裆左转，同时，双手持鞭，沉裆塌劲，顺势以鞭根向前戳击对方咽喉。（图4–216）

图4–216

用法五　破右劈上挑拨进步戳击咽喉法（对兵器）

1. 当对方用兵器向我右侧颈部劈来之时，我腰裆右转，双手成阴阳把持鞭向右上方挑拨开对方的兵刃，化解其来势。（图4–217）

图4–217

2. 我腰裆左转，右腿向前进步，同时，双手持鞭，沉裆塌劲，顺势以鞭根向前戳击对方咽喉。（图4–218）

图4–218

第二十四式　天边挂月

【动作说明】

右腿微向前进步，左腿提膝；双手成阴阳把持鞭，用鞭梢向前旋转斜扫；目视鞭梢。（图4–219）

要领说明：此式要力达鞭梢，幅度不可过大；右独立步要沉稳，左膝尽量要高提，左膝不仅仅是配合身体的前探，以缩短攻击的距离，同时，左膝也可以防守对方的攻击；另外，也可以利用左膝攻击对方胸、腹或裆部。

图4–219

用法一 破左直拳右劈鞭进步左膝击打腹部法（对拳法）

1. 当对方进左步出左拳攻击我面部时，我腰裆左转，双手持鞭劈击对方的左腕。（图4-220）

2. 上动不停。我以鞭掤住对方的左臂，右腿进步至对方左腿后侧，同时，用左膝向前撞击对方腹部。（图4-221）

图4-220

图4-221

用法二　破右后扫蹚腿退步提膝扫击头部法（对腿法）

1. 当我左腿在前，对方用右扫蹚腿攻击我下盘时，我迅速向后提左膝，躲过对方的右扫蹚腿。（图4–222）

2. 在对方扫蹚腿过后，我同时双手抡鞭，直击对方后脑。（图4–223）

图4–222

图4–223

用法三　戳击胸部变右扫击太阳穴法（对兵器）

1. 承接上动打法。当我以马步用鞭根戳击对方胸部时，对方用兵器向我左侧拨开我的攻击。（图4-224）

2. 我用鞭把粘黏住对方的兵器，顺势连随，同时，左腿提起，双手抡鞭，以鞭梢扫打对方太阳穴。（图4-225）

图4-224

图4-225

用法四　破长兵下扫纵跃扫击面部法（对兵器）

1. 当对方用长兵向我下盘腿部横扫之时，我立即纵身跃起，躲开对方的攻击。（图4-226）

图4-226

2. 上动不停。在我纵跃起身之时，在空中左转体180°，同时，我双手抡鞭，扫打对方面部。（图4-227）

图4-227

用法五　破中刺左提膝左拨右扫击头部法（对兵器）

1. 当对方用中平枪向我胸部刺来时，我左腿提膝退步，同时双手持鞭，以鞭把向左拨开对方兵器。（图4–228）

2. 上动不停。如果对方来势凶猛，被我粘黏劲带动而身体前倾时，我腰裆左转，迅速用鞭梢向前扫打对方的左太阳穴。（图4–229）

图4–228

图4–229

第二十五式　哪吒闹海

图4-230

【动作说明】

1. 左腿向右腿后侧插步；双手持鞭向胸前收鞭；目视右前方。（图4-230）

2. 右腿向右侧开步成右仆步；右手持鞭把，贴地平行后扫一周；目随鞭转。（图4-231）

图4-231

要领说明：此动作是攻击下盘腿步的动作，攻击点主要是对方的脚踝。要求仆步要低，扫鞭要圆活，力达鞭梢。

用法一　破右拳掤挤进步右肩靠击胸部法（对拳法）

1. 当对方进右步出右拳攻击我面部时，我双手持鞭向左前上方掤架，封住对方的来势。（图4–232）

2. 双手持鞭掤住对方的右臂不变，同时，右腿进步至对方裆前，以右肩靠击对方胸部。（图4–233）

图4–232

图4–233

用法二　破右拳掤架右仆步下扫鞭（对拳法）

1. 当对方进右步出右拳攻击我面部时，我双手持鞭向左前上方掤架，化解对方的来势。（图4-234）

2. 上动不停。如果对方闪身后躲，我右腿迅速向右前方开腿成仆步，同时，双手抡鞭从头部裹脑一周后，变单手抡鞭扫击对方前脚踝。（图4-235）

图4-234

图4-235

用法三　破左拳掤捋进步戳击左肋法（对拳法）

1. 当对方进左步出左拳攻击我面部时，我腰裆左转，双手持鞭顺势掤住对方的左臂向左前捋劲。（图4–236）

2. 上动不停。我右腿顺势进步至对方左腿后侧，同时，以鞭根戳击对方左肋。（图4–237）

图4–236

图4–237

用法四 破上路横扫掤架右仆步下扫腿法（对兵器）

1. 当对方运用长兵横扫我上盘或头部时，我腰裆左转，双手持鞭向左格挡住对方的横扫。（图4-238）

2. 上动不停。我双手持鞭上旋，右腿向右前方快速开步，同时，沉裆变右仆步，右手抡鞭横扫对方膝关节。（图4-239）

图4-238

图4-239

用法五 破上劈上架进步横扫法（对兵器）

1. 当对方用长兵向我头部砸来时，我双手持鞭向上反架，封挡住对方的来势。（图4-240）

2. 上动不停。我右腿向右前方开步成右仆步，同时，右手抡鞭横扫对方右膝关节。（图4-241）

图4-240

图4-241

第二十六式　顺水推舟

【动作说明】

1. 接上动。身体起立，左腿向前进步；同时，右手抡鞭不停，从头上自身后向前裹脑旋转，左手顺势紧握鞭梢；目视前方。（图4-242）

2. 上动不停。右腿进步，左腿顺势跟进小半步向前滑进；同时，双手反旋向前平推鞭身；目视前方。（图4-243）

图4-242

图4-243

要领说明：双手推鞭要有上旋的劲力，要求力达脚底，周身协调一致。

用法一　进步横鞭掤挤法（对徒手）

1. 承接上式打法。当我运用下扫鞭扫击对方下盘时，对方凌空跳起，躲开我的攻击。（图4-244）

图4-244

2. 我迅速上步进身，双手持鞭横向掤住对方身体，沉裆塌劲，双手螺旋上掤，将对方掤发而出。（图4-245）

图4-245

用法二　破右直拳上掤进步挤靠法（对拳法）

1. 当对方进右步出右拳攻击我面部时，我举鞭上掤对方右臂，化解来势。（图4–246）

2. 我双手持鞭，掤劲不丢，鞭杆顺对方右臂顺势向前滑进，用鞭杆掤挤住对方右腋下肋部，同时，沉裆塌劲，向前螺旋挤靠掤发。（图4–247）

图4−246

图4−247

用法三　破左直拳上掤右别腿进步挤靠摔（对拳法）

1. 当对方进左步出左拳攻击我面部时，我举鞭上掤对方左臂，化解来势。（图4-248）

2. 我双手持鞭，掤劲不丢，鞭杆顺对方左臂顺势向前滑进，用鞭杆掤挤住对方左上臂，右腿进步至对方左腿后侧，同时，沉裆塌劲，向前螺旋挤靠掤摔。（图4-249）

图4-248

图4-249

用法四　破上刺上架进步推击胸部法（对兵器）

1. 当对方用长兵向我咽喉刺来时，我举鞭上掤架住对方的兵器。（图4-250）

图4-250

2. 上动不停。我双手持鞭，顺对方枪杆向前滑进，右腿顺势跟进，将对方兵器掤挤住，同时，沉裆塌劲，将对方挤靠而出。（图4-251）

图4-251

用法五　破砸棍上架进步掤挤肩靠法

1. 当对方抡棍从上向下砸击我头部时，我举鞭上架掤住对方兵器。（图4-252）

图4-252

图4-253

2. 上动不停。我双手持鞭顺对方棍杆向前滑进，右腿顺势跟进，将对方兵器掤挤住，同时，沉裆塌劲，用右肩将对方靠击而出。（图4-253）

第二十七式　金轮倒转

【动作说明】

1. 左腿向前进步；左手自然收于左胯旁，右手持鞭向下、向后、再向前旋转一周，自然步站立；目视前方。（图4–254）

2. 身体向右后转体180°；右手持鞭，随身体右后旋转向下、向上撩击；眼随鞭走。（图4–255）

图4–254

图4–255

3. 腰裆右转；右手持鞭，从上向右后贴身抡转；目视前方。（图4–256）

图4–256

4. 腰裆左转，步法不变；右手持鞭，从右侧身体向前撩击，贴身，左手合于鞭把处；目视鞭梢。（图4–257）

5. 腰裆左转，步法不变；右手持鞭，从上向左侧身后抡击；目视前方。（图4–258）

6. 腰裆右转，步法不变；右手持鞭向前反撩，贴身，左手向左后侧展开；目视前方。（图4–259）

7. 腰裆右转；右手持鞭，从上向右后贴身抡转；目视前方。（图4–260）

图4–257

图4–258

图4–259

图4–260

8. 腰裆左转，步法不变；右手持鞭，从右侧身体向前撩击，贴身，左手合于鞭把处；目视鞭梢。（图4–261）

9. 腰裆左转，步法不变；右手持鞭，从上向左侧身后抡击；目视前方。（图4–262）

图4–261

图4–262

10. 腰裆右转，步法不变；右手持鞭向前反撩，贴身，左手向左后侧展开；目视前方。（图4–263）

图4–263

要领说明： 动作3、4、5、6与动作7、8、9、10是一个重复动作，是右、左两个反撩鞭法。此动作要做到周身协调一致，身鞭合一。

用法一　破右直拳下截砸击头部法（对拳法）

1. 当对方进右步出右直拳攻击我面部时，我右手持鞭，翻腕从外向内下拨，化解对方来势。（图4-264）

2. 上动不停。步法不变，右腕继续翻转，使鞭杆在身体右侧旋转一周，同时，鞭梢顺势向前砸击对方头部。（图4-265）

图4-264

图4-265

用法二　破左直拳下截砸击头部法（对拳法）

1. 当对方进左步出左直拳攻击我面部时，我右手持鞭，翻腕从内向外下拨，化解对方来势。（图4-266）

2. 上动不停。步法不变，右腕继续翻转，使鞭杆在身体右侧旋转一周，同时，鞭梢顺势向前砸击对方头部。（图4-267）

图4-266

图4-267

用法三　破左低鞭腿下截砸击头部法（对腿法）

1. 当对方以左低鞭腿攻击我时，我右手持鞭，翻腕从内向外下拨其左腿，化解对方来势。（图4–268）

2. 上动不停。步法不变，右腕继续翻转，使鞭杆在身体右侧旋转一周，同时，鞭梢顺势向前砸击对方头部。（图4–269）

图4–268

图4–269

用法四　破右直拳上截腕撩击裆部法（对拳法）

1. 当对方进右步出右直拳攻击我面部时，我腰裆左转，右手抡鞭自下向上撩击对方右臂，截击对方的右拳。（图4–270）

2. 鞭势不停。右手抡鞭向左侧身后旋转，同时，腰裆右转，右手顺势抡鞭向前撩击对方裆部。（图4–271）

图4–270

图4–271

用法五 破左直拳上截腕撩击裆部法（对拳法）

1. 当对方进左步出左直拳攻击我面部时，我腰裆右转，右手抡鞭从左侧向前撩击对方左臂，封锁对方左拳。（图4-272）

2. 鞭势不停，继续向右后旋转，腰裆左转，右手顺势抡鞭从右后方向前撩击对方裆部。（图4-273）

图4-272

图4-273

用法六　破下刺右下拨砸击头部法（对兵器）

1. 当对方持长兵向我小腹刺来之时，我右手持鞭，翻腕从外向内下拨枪头，化解对方来势。（图4–274）

2. 上动不停。左腿进步，右腕继续翻转，使鞭杆在身体右侧旋转一周，同时，鞭梢顺势向前砸击对方头部。（图4–275）

图4–274

图4–275

用法七　破上刺上截左撩击裆部法（对兵器）

1. 当对方持长枪向我面部刺来，如果我左腿在前时，腰裆左转，右手抡鞭从右下方向上撩击，封住对方兵器。（图4-276）

图4-276

图4-277

2. 上动不停。腰裆右转，右腿顺势向前进步，同时，右手抡鞭自左后方向前撩击对方裆部。（图4-277）

第二十八式　麻姑献寿

【动作说明】

接上动。右手向上崩挑鞭梢，屈臂收于右肘外侧，同时，左手从右腋下紧握鞭梢；步法不变，目视前方。（图4-278）

要领说明：

图4-278

用法一　破左拳上崩鞭挑击下颏法（对拳法）

1. 当对方进左步出左直拳攻击我面部时，我腰裆右转，右手持鞭以鞭梢从下向上挑拨对方左拳，化解来势。（图4-279）

图4-279

2. 上动不停。我右腿进步，鞭梢向右臂后侧旋转，用鞭把顺势向前挑击对方下颏。（图4-280）

图4-280

用法二 破右直拳上崩鞭右肘撞击右肋法（对拳法）

1. 当对方进右步出右直拳攻击我面部时，我腰裆右转，右手抡鞭自下向上撩击对方右臂，截击对方的右拳。（图4-281）

图4-281

2. 腰裆左转，我右腿进步向前靠劲对方右侧，同时，用右肘顺势撞击对方右肋。（图4-282）

图4-282

用法三　破上刺上崩鞭进步挑击咽喉法（对兵器）

1. 当对方持长枪向我面部刺来，我腰裆右转，右手抡鞭从下方向上撩击，封住对方兵器。（图4-283）

图4-283

2. 腰裆左转，右腕向外翻转，用鞭杆缠压住对方兵器，同时，右腿进步，靠近对方，用鞭把向上挑打对方咽喉。（图4–284）

图4–284

用法四 破斜劈上崩鞭进步挑击右肋法（对兵器）

1. 当对方用长兵向我左侧头部劈来之时，我身体左闪，右手持鞭顺势从下向上掤接向右侧引化。（图4–285）

图4–285

2. 腰裆左转，右腿进步，同时，右手内旋，快速以鞭把挑击对方右肋。（图4–286）

图4–286

第二十九式　关公挑袍

【动作说明】

接上动。右腿向后撤步，重心移动到右腿成左虚步站稳；同时，左手翻腕，鞭梢上挑，右手持鞭把顺势下压；目视鞭梢。（图4–287）

图4–287

要领说明：左手如同杠杆的支点，鞭梢上挑时，要有崩弹劲，右手鞭把要做到松沉下压，力贯鞭梢。

用法一　破左拳上崩挑点击咽喉法（对拳法）

1. 当对方进左步出左直拳攻击我面部时，我双手持鞭，以鞭梢从内侧崩弹开对方左拳。（图4–288）

2. 上动不停。左腿迅速进步，左手趁机下压鞭梢，点击对方咽喉。（图4–289）

图4–288

图4–289

用法二　破左高鞭腿上挑点击心窝法（对腿法）

1. 如果对方以左高鞭腿攻击我右侧头部，我则双手持鞭，以鞭梢从内侧崩弹开对方左高鞭腿。（图4-290）

2. 上动不停。左腿迅速进步，左手趁机下压鞭梢，向前点击对方心窝。（图4-291）

图4-290

图4-291

用法三 破上刺崩挑进步直刺心窝法（对兵器）

1. 当对方持长枪向我面部刺来，我腰裆右转，双手持鞭以鞭梢从下向上崩弹开对方兵器。（图4–292）

2. 上动不停。左腿迅速进步变左弓步，双手持鞭，以鞭梢直刺对方心窝。（图4–293）

图4–292

图4–293

用法四　破右扫右崩挑进步点击咽喉法（对兵器）

1. 如果对方用长兵向我右侧头部劈来，我腰裆右转，双手持鞭以鞭梢从下向右上方崩弹开对方兵器。（图4–294）

2. 上动不停。左腿迅速进步靠击对方，以鞭梢快速点击对方咽喉。（图4–295）

图4–294

图4–295

第三十式　黄龙搅海

【动作说明】

1. 承接上式。右腿向左腿后侧插步；同时，双手把位不变，以身带鞭，用鞭梢向身前拨绞；目视鞭梢。（图4-296）

2. 上动不停。左腿向左侧开步；同时，双手把位不变，用鞭梢向身体左后侧拨绞；眼随鞭走。（图4-297）

图4-296

图4-297

3. 承接上动。右腿继续向左腿后侧插步；同时，双手把位不变，以身带鞭，用鞭梢向身前拨绞；目视鞭梢。（图4-298）

图4-298

4．上动不停。左腿向左侧开步；同时，双手把位不变，用鞭梢向身体左后侧拨绞；眼随鞭走。（图4-299）

图4-299

5．承接上动。右腿继续向左腿后侧插步；同时，双手把位不变，以身带鞭，用鞭梢向身前拨绞；目视鞭梢。（图4-300）

图4-300

要领说明：此招以倒插步向左侧搅鞭两周，要求身随鞭走，身鞭合一，搅鞭要有粘黏劲。

用法一 破右直拳前拨戳击咽喉法（对拳法）

1. 当对方以右直拳攻击我面部时，我腰裆右转，双手持鞭，以鞭梢向前搅鞭，拨开对方的右拳。（图4-301）

2. 上动不停。左腿向前微进步，鞭梢内旋向前直击对方咽喉。（图4-302）

图4-301

图4-302

用法二　破左直拳后拨戳击左肋法（对拳法）

1. 当对方以左直拳攻击我面部时，我腰裆左转，双手持鞭，从外向内搅鞭，向内拨开对方的左拳。（图4–303）

2. 上动不停。左腿向前微进步，鞭梢内旋向前直击对方左肋。（图4–304）

图4–303

图4–304

用法三 破左直拳前拨下挑左腿摔法（对拳法）

1. 当对方以左直拳攻击我面部时，我腰裆左转，双手持鞭，从内向外搅鞭，拨开对方的左拳。（图4-305）

图4-305

图4-306

2. 上动不停。腰裆左转，鞭梢顺势向下挑住对方左腿弯，外旋上挑。（图4-306）

3. 腰裆右转，双手持鞭外旋发力，将对方挑翻在地。（图4-307）

图4-307

用法四　破上刺插步前拨进步戳击心窝法（对兵器）

1. 当对方以长兵向我咽喉刺来之时，我腰裆右转，右腿顺势向前插步，双手持鞭，向前拨开对方兵器。（图4–308）

2. 上动不停。左腿向左前进步，靠近对方，同时，鞭梢内旋，向前直击对方心窝。（图4–309）

图4–308

图4–309

用法五　破上刺插步前拨绞锁咽喉摔法（对兵器）

1. 当对方以长兵向我咽喉刺来之时，我腰裆右转，右腿顺势向前插步，双手持鞭向前拨开对方兵器。（图4-310）

2. 上动不停。左腿向左前进步，靠近对方，同时，鞭梢内旋，缠住对方咽喉处向后回拨，使其翻倒。（图4-311）

图4-310

图4-311

用法六　破下刺后拨进步缠拿颈部法（对兵器）

1. 当对方用长兵向我小腹刺来时，我腰裆左转，双手持鞭，以鞭梢向后拨开对方的兵器。（图4-312）

2. 上动不停。我左腿向前进步，靠近对方，同时，鞭梢上缠对方脖颈，随腰裆左转向左下方缠拿对方头部。（图4-313）

图4-312

图4-313

第三十一式　回马转锋

【动作说明】

1. 上动不停。左腿向左侧开步成左弓步；同时，双手把位不变，用鞭梢向身体左侧戳击；目视左前方。（图4-314）

2. 身体右转，快速摆头向右后，步法由左弓步变右弓步；同时，双手持鞭把位不变，以鞭把向右后方快速戳出；目视鞭把。（图4-315）

图4-314

图4-315

要领说明： 腰裆转换要圆活，步法要沉稳不乱，戳击要快速有力，重心要稳定。此招法主要是对付前后夹击的敌人，为了在实战中便于快速转体迎敌。

用法一　前戳变转身后戳击法（对徒手）

1. 我以左弓步向前攻击对方。（图4-316）

2. 如果此时有人从我身后偷袭，我立即转身变右弓步，以鞭把戳击对方腹部。（图4-317）

图4-316

图4-317

用法二　破上刺前拨进步戳击变转身后戳法（对兵器）

1. 当我被对方前后夹击时，我迅速用鞭杆化解对方兵器，同时，向前攻击对方头位。（图4-318）

2. 承接上动打法。如果我后面敌人见机进身，欲用兵器偷袭我时，我迅速转身，步法由左弓步转变为右弓步，以鞭把快速回戳，直击对方胸腹。（图4-319）

图4-318

图4-319

第三十二式　金鸡独立

【动作说明】

1. 身体左后旋转180° ，左脚尖外摆，成自然步站立；同时，左手鞭梢运转到右腋下，右手鞭把反盖之时，旋转变换把位；目视前方。（图4–320）

2. 上动不停。右手鞭把顺身前向身后下拨；同时，右腿提膝成左独立步站立；左手把位不变，目视右前方。（图4–321）

图4–320

图4–321

要领说明：身法、步法要做到协调一致，鞭把下拨要圆活，左独立步站立时要稳定，做到重心下沉，不偏不倚。

用法一 破右拳左转身右拨右膝撞击胸部法（对拳法）

1. 当对方进右步出右拳攻击我腹部时，我腰裆左转，右手持鞭，以鞭把向右侧横拨对方的右拳。（图4-322）

2. 腰裆继续左转，鞭把掤住对方的右臂，同时，右腿提膝顺势向前撞击对方胸部。（图4-323）

图4-322

图4-323

用法二　破左拳左转身右拨右膝撞击腹部法（对拳法）

1. 当对方进左步出左拳攻击我腹部时，我腰裆左转，右手持鞭，以鞭把向右横拨对方左拳。（图4-324）

2. 腰裆继续左转，鞭把掤住对方的左臂，同时右腿提膝，顺势向前撞击对方腹部。（图4-325）

图4-324

图4-325

用法三　破右蹬腿左转右拨右进步肩靠法（对腿法）

1. 当对方以右蹬腿攻击我腹部时，我腰裆左转，右手持鞭，以鞭把挂住对方右脚跟向左横拨对方右蹬腿。（图4-326）

2. 腰裆继续左转，鞭把掤住对方的右腿，同时，右腿顺势向前进步，用右肩靠击对方肋部。（图4-327）

图4-326

图4-327

用法四　破中刺左转身右拨右侧踹法（对兵器）

1. 当对方用长兵向我腹部刺来之时，我腰裆左转，右手持鞭，以鞭把向右侧横拨对方兵器。（图4–328）

2. 腰裆继续左转，鞭把掤住对方的兵器，同时右腿顺势提膝，向前侧踹对方右膝。（图4–329）

图4–328

图4–329

第三十三式　大鹏展翅

【动作说明】

1. 腰裆左转；右手鞭把顺势向前横拨；右腿向右前方落步；目视右前方。（图4–330）

2. 腰裆右转，沉马塌裆；同时，右手持鞭向右侧劈击，左手随右劈鞭顺势向左上方展开；目视鞭梢。（图4–331）

图4–330

图4–331

要领说明：鞭运转要圆活，马步要做到沉裆塌劲，力达鞭身。

用法一　破右拳左下拨右劈砸锁骨法（对拳法）

1. 当对方进右步出右拳攻击我面部时，我腰裆左转，右手持鞭，以鞭把向左横拨对方右拳。（图4-332）

2. 腰裆右转，右手抡鞭，顺势以鞭梢向前劈砸对方右肩锁骨。（图4-333）

图4-332

图4-333

用法二　破左拳左拨右劈砸头部法（对拳法）

1. 当对方进左步出左拳攻击我面部时，我腰裆左转，右手持鞭，以鞭把向左横拨对方左拳。（图4–334）

2. 腰裆右转，右手抡鞭，顺势以鞭梢向前劈砸对方头部。（图4–335）

图4–334

图4–335

用法三　破右蹬腿左拨右劈头部法（对腿法）

1. 当对方以右蹬腿攻击我腹部时，我腰裆左转，右手持鞭，以鞭把向左横拨对方右蹬腿。（图4-336）

2. 腰裆右转，右手抡鞭，顺势以鞭梢向前劈砸对方头部。（图4-337）

图4-336

图4-337

用法四　破下刺左拨进步劈面法（对兵器）

1. 当对方用长兵向我小腹刺来之时，我腰裆左转，右手持鞭，以鞭把向左侧横拨对方兵器。（图4-338）

2. 腰裆右转，右腿进步，同时，右手抡鞭，顺势以鞭梢向前劈砸对方面部。（图4-339）

图4-338

图4-339

第三十四式　左云拨式

【动作说明】

1. 步法不变；右手持鞭不动；左腿进步向前，左手顺势变仰掌向前握住鞭杆；目视前方。（图4-340）

2. 右腿向前跳跃，左腿顺势从右腿后侧向前插步；同时，右手持鞭在头上向左旋转一周；目视鞭梢。（图4-341）

图4-340

图4-341

3．鞭梢继续向左运转；沉裆塌劲，身法左转成左弓步；同时，右手鞭把旋转在左腋下，鞭梢顺势向左侧横扫；目视鞭梢。（图4-342）

图4-342

要领说明：要做到身鞭合一，身体左转要与鞭杆左旋协调一致，左弓步要沉稳，左扫要有螺旋的横拨劲。

用法一　破右拳上架左云拨鞭左转身戳击心口法（对拳法）

1. 当对方进右步出右拳攻击我面部时，我腰裆左转，双手成阴阳把持鞭，向上封架对方右拳。（图4-343）

图4-343

2. 上动不停。身体随鞭杆左转一周，化解对方的右拳之后成左弓步，同时，随左转体以鞭梢头部戳击对方心口。（图4–344）

图4–344

用法二　破左拳上架左云拨鞭左转身戳击左肋法（对拳法）

1. 当对方进左步出左拳攻击我面部时，我腰裆左转，双手成阴阳把持鞭，向上封架对方的左拳。（图4–345）

图4–345

2. 上动不停。身体随鞭杆左转一周化解对方的左拳之后成左弓步，同时，随左转体以鞭梢戳击对方左肋。（图4-346）

图4-346

用法三　破右高鞭腿上架云拨鞭左转身左肩靠击法（对腿法）

1. 当对方以右高鞭腿向我左侧头部踢来时，我腰裆左转，双手成阴阳把持鞭，向上封架对方右高鞭腿。（图4-347）

图4-347

2. 上动不停。身体随鞭杆左转一周化解对方的右高鞭腿之后，靠近对方身体，同时，以左肩靠击对方胸部。（图4–348）

图4–348

用法四　破左高鞭腿上架云拨鞭左转身左肘撞击左肋法（对腿法）

1. 当对方以左高鞭腿向我右侧头部踢来时，我腰裆左转，双手成阴阳把持鞭，向上封架对方左高鞭腿。（图4–349）

图4–349

2. 上动不停。身体随鞭杆左转一周，化解对方的左高鞭腿之后，靠近对方身体，同时，以左肘撞击对方左肋。（图4-350）

图4-350

用法五 破上刺上架云拨鞭左转身横扫头部法（对兵器）

1. 当对方用长兵向我咽喉刺来时，我腰裆左转，双手成阴阳把持鞭，向上封架对方长兵。（图4-351）

图4-351

2. 上动不停。身体随鞭杆左转一周化解对方的长兵后，左转身成左弓步，同时，以鞭梢向左横扫对方头部。（图4–352）

图4–352

用法六　破上刺上架云拨鞭左转身左拨别腿摔（对兵器）

1. 当对方用长兵向我咽喉刺来时，我腰裆左转，双手成阴阳把持鞭，向上封架对方长兵。（图4–353）

图4–353

2. 上动不停。身体随鞭杆左转一周化解对方的长兵后，左转身后左腿进步到对方右腿后侧缠住对方右腿，同时鞭梢左扫，将对方上扫下别摔出。（图4-354）

图4-354

第三十五式　右云拨式

【动作说明】

1. 接上式。右腿向前进步；左手鞭梢在头部上方向右侧旋转；目视鞭梢。（图4-355）

图4-355

图4-356

2．左腿向前跳跃，右腿顺势向左腿后侧插步；同时，双手持鞭在头上自右向左旋转一周；目视鞭梢。（图4-356）

3．鞭梢继续向右侧旋转；沉裆塌劲，身法右转成右弓步；同时，左手鞭梢运转到右腋下，右手鞭把顺势向右侧横扫；目视鞭把。（图4-357）

图4-357

要领说明：要做到身鞭合一，协调一致，弓步要沉稳，右扫要有螺旋的横拨劲。

用法一 破右拳上架右云拨鞭右转身右肘撞击法（对拳法）

1. 当对方进右步出右拳攻击我面部时，我双手持鞭上架，封住对方的右拳来势。（图4-358）

2. 我身体右转，鞭杆在头上右旋一周掤化对方右拳后，顺势靠近对方身体，同时，以右肘撞击对方右肋或后心。（图4-359）

图4-358

图4-359

用法二　破左拳上架右云拨鞭右转身右肘撞击心口法（对拳法）

1. 当对方进左步出左拳攻击我面部时，我双手持鞭上架，封住对方的左拳来势。（图4-360）

2. 我身体右转，鞭杆在头上右旋一周掤化对方左拳后，顺势靠近对方身体，同时，以右肘撞击对方心口。（图4-361）

图4-360

图4-361

用法三　破右高鞭腿上架右云拨鞭右转身别腿右肘靠摔法（对腿法）

1. 当对方以右高鞭腿攻击我左侧头部时，我双手持鞭上架，封住对方的右腿来势。（图4-362）

2. 我身体右转，鞭杆在头上右旋一周掤化对方右高鞭腿后，顺势靠近对方身体，同时，用右腿从内侧缠住对方右腿，以右肘砸击其后背，将其靠摔而倒。（图4-363）

图4-362

图4-363

用法四　破左高鞭腿上架右云拨右转身右手撩阴法（对腿法）

1. 当对方用左高鞭腿攻击我右侧头部时，我双手持鞭上架，封住对方的右腿来势。（图4-364）

2. 我身体右转，鞭杆在头上右旋一周掤化对方左腿后，趁机靠近对方身体，同时右手变掌，顺势向前撩击对方裆部。（图4-365）

图4-364

图4-365

用法五 破上砸上架右云拨鞭右转身挂腿摔（对兵器）

1. 当对方用长兵向我头部砸来时，我双手持鞭上架，封住对方的来势。（图4–366）

2. 我身体右转，鞭杆在头上右旋一周掤化对方长兵后，我顺势右腿向后插步，同时，用鞭把挂住对方右膝弯，乘势将对方挂摔而倒。（图4–367）

图4–366

图4–367

用法六　破上砸上架右云拨鞭右转身右缠脖扫摔法（对兵器）

1. 当对方用长兵向我头部砸来时，我双手持鞭上架，封住对方的来势。（图4–368）

图4–368

2. 身体右转，鞭杆在头上右旋一周掤化对方长兵后，我右腿向后插步，同时，用鞭把顺势缠住对方后脖颈，向右下方缠拿，右腿趁机扫踢对方右腿，将其缠摔而倒。（图4–369）

图4–369

第三十六式　雪花盖顶

【动作说明】

1. 腰裆左转，步法变为马步；右手鞭把在头上向左旋转一周；目视左前方。（图4–370）

2. 腰裆继续左转；双手抡鞭向左侧上方抡扫；步法不变，目视左前方。（图4–371）

图4–370

图4–371

要领说明：扫击要有力，腰裆要圆活，马步要沉稳，鞭杆扫击的高度不可过高，比自己头部略高即可。

用法一　破右拳上掤架左转身扫击右膝法（对拳法）

1. 当对方进右步出右拳攻击我面部时，我腰裆左转，双手成阴阳把提鞭，向上反缠掤化对方右拳。（图4–372）

2. 腰裆继续左转，双手持鞭缠头一周，从右侧下扫击打对方右膝关节。（图4–373）

图4–372

图4–373

用法二 破左拳上掤架左转身扫击法（对拳法）

1. 当对方进左步出左拳攻击我面部时，我腰裆左转，双手成阴阳把提鞭，从外向内反缠掤化对方左拳。（图4-374）

2. 腰裆继续左转，双手持鞭缠头一周，从右侧横扫对方左肋或后身。（图4-375）

图4-374

图4-375

用法三　破上刺上掤架左转身扫击颈部法（对兵器）

1. 当对方用长兵向我咽喉刺来时，我腰裆左转，双手成阴阳把提鞭，从内向外反缠掤化对方长兵。（图4–376）

2. 腰裆继续左转，双手持鞭缠头一周，从右侧横扫对方左侧颈部。（图4–377）

图4–376

图4–377

用法四　破上刺上掤架左转身扫击左臂法（对兵器）

1. 当对方用长兵向我咽喉刺来时，我腰裆左转，双手成阴阳把提鞭，从内向外反缠掤化对方长兵。（图4-378）

2. 腰裆继续左转，双手持鞭缠头一周，从右侧扫击对方持长兵之左手腕。（图4-379）

图4-378

图4-379

第三十七式　猛虎挡道

【动作说明】

1. 腰裆右转；右手抡鞭向右侧旋转一周，左手自然收于右胸侧；步法不变，目随鞭走。（图4-380）

2. 鞭尖下落在右脚外侧拄地，步法不变；同时，左手变掌向左侧推出，掌指朝上；目视左掌。（图4-381）

图4-380

图4-381

要领说明： 此式不仅仅是一个转身的亮式动作，同时也是右侧进攻或防守的招法。转身要有精气神，做到形神俱备，身鞭合一。

用法一 反扫头部变反扫右膝法（对徒手）

1. 当对方与我对峙时，我先下手为强，以右手抡鞭反扫对方头部。（图4–382）

2. 如果对方低头躲过我的反扫，我右手抡鞭，顺势从头后侧裹脑回转一周，继续向前反扫其右膝关节处。（图4–383）

图4–382

图4–383

用法二　破左高鞭腿鞭别右腿进步右肩靠击法（对腿法）

1. 当对方用左高鞭腿攻击我头部时，我腰裆右转，右手反抡鞭，顺势扫击对方左腿。（图4-384）

图4-384

2. 右手抡鞭不停，从身后裹脑旋转一周后，鞭尖向下别住对方右腿，同时，右肩顺势向前靠击对方胸部。（图4-385）

图4-385

用法三　破上刺后撩截击反扫腿部法（对兵器）

1. 当对方用长兵向我头部刺来时，我腰裆右转，右手反抡鞭，顺势扫击对方长兵，化开来势。（图4-386）

2. 承接上动打法。我右手抡鞭，顺势从头后侧裹脑回转一周，继续向前反扫其右膝关节处。（图4-387）

图4-386

图4-387

用法四　破上刺后撩截击下戳击左脚面法（对兵器）

1. 当对方用长兵向我头部刺来时，我腰裆右转，左腿进步，右手反抡鞭，顺势扫击对方长兵，化开来势。（图4–388）

2. 承接上动打法，我腰裆右转，右腿向前进步，右手抡鞭，顺势从头后侧裹脑回转一周，鞭尖向下，趁机戳击对方左脚面。（图4–389）

图4–388

图4–389

第三十八式 乾坤轮回

【动作说明】

1. 左手正旋向前採手，右腿向前上步；同时，右手顺势抡鞭向前砸击；目视前方。（图4-390）

2. 上动不停，身体左转180°，步法不变；同时，右手抡鞭不停，落于右肩上，左手顺势握住鞭把；目视左后方。（图4-391）

图4-390

图4-391

3．腰裆左转，左腿提膝向左后方插步；同时，双手抡鞭随身体左转向左后下方点击；目视鞭梢。（图4–392）

图4–392

要领说明：抡鞭时，劲力不能断，点击时，要力透鞭梢；身法要灵活，做到身鞭合一，气力贯穿。

用法一　破左拳上劈左转身击打左膝法（对拳法）

1. 当对方进左步出左拳攻击我胸部时，我腰裆左转，右手抡鞭，从上向下劈击对方右腕，化解来势。（图4–393）

图4–393

2. 身体左后旋转180° ，双手抡鞭成麒麟步，点击对方左膝关节。（图4-394）

图4-394

用法二　进步上劈左转身击打左膝法（对徒手）

1. 敌我面对，我先下手为强，右手抡鞭迎面下劈，砸击对方头部。（图4-395）

图4-395

2. 如果对方退右腿向后躲闪，我身体左后旋转180° ，双手抡鞭成麒麟步，扫击对方左膝关节。（图4-396）

图4-396

用法三　破右高鞭腿上劈左转身戳击小腹法（对腿法）

1. 当对方用右高鞭腿扫踢我头部时，我腰裆左转，右手抡鞭，从上向下劈击对方右腿，化解来势。（图4-397）

图4-397

2. 我身体向左后旋转180°，同时双手抡鞭，随身体左转顺势戳击对方小腹。（图4-398）

图4-398

用法四　破右弹腿上劈左转身扫击左脚踝法（对腿法）

1. 当对方用右弹腿攻击我裆部时，我腰裆左转，右手抡鞭，从上向下砸击对方右脚，化解来势。（图4-399）

图4-399

2. 我身体向左后旋转180°，同时双手抡鞭，随身体左转顺势扫击对方左脚踝。（图4-400）

图4-400

用法五　破中刺上劈左转身扫击左膝法（对兵器）

1. 当对方用长兵向我腹部刺来时，我腰裆左转，右手抡鞭，从上向下砸击对方长兵，化解来势。（图4-401）

图4-401

2. 我身体向左后旋转180° 滚身而进，同时双手抡鞭，随身体左转顺势扫击对方左膝。（图4-402）

图4-402

第三十九式　金鸡点头

【动作说明】

身体左转180° ，右腿提膝；同时，双手握鞭向身后上方沉腕点击；目视鞭尖。（图4-403）

图4-403

要领说明：鞭尖向前点击时，要有弹性劲，身体要与鞭杆协调一致，做到身鞭合一，劲贯鞭尖。

用法一　破右直拳点击面部法（对拳法）

1. 对方进右步出右直拳攻击我胸部。（图4–404）

2. 我不必慌乱，后发制人，双手持鞭直接以点击对方面部。注：因为我鞭杆比对方臂长，做到以快制胜，以长致短。（图4–405）

图4–404

图4–405

用法二　虚点面部右膝撞击裆部法（对拳法）

1. 敌我面对，我双手持鞭，以先声夺人之势，用点鞭攻击对方面部。（图4-406）

2. 如果对方准备举手上架我鞭杆，我左腿进步，迅速提右膝向前撞击对方裆部。（图4-407）

图4-406

图4-407

用法三　破偷袭左转身点击面部法（对兵器）

1. 如果有人从我后面用兵器偷袭我，我身体向左后旋转180°，化解对方的攻击。（图4-408）

2. 上动不停。我顺势双手持鞭，在对方来不及反应或后退时，以鞭尖点击对方面部。（图4-409）

图4-408

图4-409

用法四　破下扫右提膝点击头部法（对兵器）

1. 当我右腿在前，对方用兵器扫击我右腿时，我右腿提膝左后旋转180°，闪开对方的攻击。（图4–410）

2. 上动不停。我顺势双手持鞭，在对方来不及换式时，以鞭尖点击对方头部。（图4–411）

图4–410

图4–411

第四十式　苏秦背剑

【动作说明】

1. 接上式。右腿向前落步；鞭尖向后崩挂；目视前方。（图4–412）

2. 右腿向前进步；右手持鞭在身体右侧下拨旋转一周，同时，左掌按于左胯旁；目视前方。（图4–413）

图4–412

图4–413

3. 右腿向右侧开步；左手收掌立于右胸旁，同时，右手抡鞭在身体右侧旋转一周；目随鞭转。（图4-414）

4. 右手抡鞭向右臂后背鞭，步法随即变右弓步；同时，左掌从右胸前向正前方推出；目视左掌。（图4-415）

图4-414

图4-415

要领说明：右手侧云鞭要圆活，身鞭要合一，动作要协调一致；要做到精气神兼备。

用法一　破左拳右扫左掌按击胸部法（对拳法）

1. 当对方以左拳攻击我面部时，我腰裆右转，右手持鞭上扫，化解对方的左拳攻势。（图4-416）

2. 接上动。右手鞭掤劲不丢，缠住对方左臂，同时，我腰裆右转，左掌顺势向前按击对方胸部。（图4-417）

图4-416

图4-417

用法二　破右拳右扫左掌按击右肋法（对拳法）

1. 当对方以右拳攻击我面部时，我腰裆右转，右手持鞭上扫，化解对方的右拳攻势。（图4-418）

2. 接上动。右手鞭掤劲不丢，缠住对方右臂，同时，我腰裆右转，左掌顺势向前按击对方右肋。（图4-419）

图4-418

图4-419

用法三　破左低鞭腿右扫左进步左肩靠击胸部法（对腿法）

1. 当对方以左低鞭腿攻击我下盘时，我腰裆右转，右手持鞭向右下方扫击对方脚踝。（图4-420）

2. 上动不停。右手鞭掤劲不丢，缠住对方左腿，同时，我腰裆右转，左腿进步至对方裆前，顺势用左肩靠击对方胸部。（图4-421）

图4-420

图4-421

用法四　破上刺右扫进步左掌锁喉法（对兵器）

1. 当对方用长兵向我胸部刺来时，我腰裆右转，右手持鞭，从上向下扫开对方的长兵，化解来势。（图4–422）

2. 上动不停。右手鞭掤劲不丢，缠住对方兵器，同时，我左腿进步，左掌向前锁住对方咽喉。（图4–423）

图4–422

图4–423

第四十一式　九天揽月

【动作说明】

1. 腰裆左转，身体微起；左掌收于左胯旁，右手随腰裆左转时，右手鞭在头部上方旋转一周；目视鞭把。（图4–424）

2. 右手收肘领劲向左下方收鞭，左掌顺势接住鞭把；目视左手。（图4–425）

图4–424

图4–425

要领说明：腰裆转换要圆活，身鞭合一，周身协调一致。

用法一 破右拳反架砸击左太阳穴法（对拳法）

1. 当对方以右拳攻击我面部时，我腰裆左转，右手持鞭反架，化解对方攻势。（图4-426）

2. 上动不停。右手持鞭从头部上后转裹脑一周，顺势以右手持鞭向前击打对方左太阳穴。（图4-427）

图4-426

图4-427

用法二　破左拳反架横击左肋法（对拳法）

1. 当对方以左直拳攻击我面部时，我腰裆左转，右手持鞭反架，化解对方攻势。（图4-428）

2. 上动不停。右手持鞭从头部上后转裹脑一周，顺势以右手持鞭向前横击对方左肋。（图4-429）

图4-428

图4-429

用法三 破右高鞭腿反架撩击裆部法（对腿法）

1. 当对方用右高鞭腿扫踢我头部时，我腰裆左转，右手持鞭反架，化解对方攻势。（图4-430）

2. 上动不停。右手持鞭从头部上后转裹脑一周，顺势以右手持鞭向前撩击对方裆部。（图4-431）

图4-430

图4-431

用法四　破左劈反架扫击头部法（对兵器）

1. 当对方用兵器向我头部砸来时，我腰裆左转，双手持鞭把反架，化解对方攻势。（图4-432）

2. 上动不停。腰裆右转，双手持鞭从头部向后转裹脑一周后，顺势以右手持鞭向前扫击对方头部。（图4-433）

图4-432

图4-433

收势

【动作说明】

1. 上动不停。左手握住鞭把，抱鞭于左臂弯处，双手向两侧开手；双腿开立，以鼻吸气，目视右手。（图4-434）

2. 双手掌心朝下，缓缓上升掤劲至鼻高，缓慢吸气；目视前方。（图4-435）

图4-434

图4-435

3. 双手掌心依旧向下，缓缓沉劲下按；以鼻呼气，左腿自然收于右腿旁；目视前方，敛气凝神，气沉丹田。（图4-436）

4. 左腿收于右腿旁，双腿并拢，气沉丹田，敛神凝气。（图4-437）

图4-436

图4-437

要领说明：双臂要松肩沉肘，身体放松，气聚丹田。